LA CONSCIENCE FRANÇAISE

ET

LA GUERRE

LA CONSCIENCE FRANÇAISE

ET

LA GUERRE

PAR

Gustave BELOT

Inspecteur Général de l'Instruction publique.

PRÉFACE DE M. ÉMILE BOUTROUX
de l'Académie Française

PARIS

LIBRAIRIE FÉLIX ALCAN

108, BOULEVARD SAINT-GERMAIN, 108

—

1921

À LA MÉMOIRE

DE MON TRÈS CHER FILS

Jacques BELOT

Ingénieur diplômé
de l'Ecole nationale supérieure des Mines (Médaille d'or)
et de l'École supérieure d'Électricité de Paris

MORT POUR LA FRANCE

Le 8 Décembre 1918

Simple soldat

PRÉFACE

———

MON CHER AMI.

Il était certes bien inutile que je vous disse, à mon tour, avec quel sympathique intérêt je suis vos pénétrantes études, dont l'influence est solidement établie. Mais il m'est particulièrement agréable d'éprouver la fidélité de votre bon souvenir, qui date si je ne me trompe, d'une quarantaine d'années et de me reporter par la pensée au temps où j'écoutais avec un si vif plaisir vos expositions pleines de verve et de foi philosophique, à l'Ecole Normale. Ce culte de l'esprit et des idées morales, vous l'avez jalousement gardé, et vous luttez pour les propager autour de vous. A l'accomplissement d'une semblable tâche je m'associe bien cordialement.

Nombreuses sont les réflexions que me suggère la lecture de votre livre, et je ne songe pas, naturellement, à orienter votre lecteur que la parfaite clarté et ordonnance de vos idées guide aisément d'elle-même. Permettez-moi, du moins, de causer avec vous d'un ou deux points qui ont particulièrement retenu mon attention.

Parmi les devises que l'on nous recommande d'adopter pour faire face aux problèmes qui nous étreignent, on pourrait distinguer celle-ci qui, facilement, rallierait la masse des suffrages : « Travail et Démocratie ». Par le travail nous réparerons nos pertes, et rétablirons notre situation économique. Intégralement pratiquée, la démocratie fournira à nos esprits les règles de jugement et de conduite indispensables à la direction de notre vie.

Fort bien ! répondez-vous. Le travail et la démocratie nous sauveront, certes, et nous guideront vers nos hautes destinées, mais à une condition : c'est qu'à la pratique de l'un et de l'autre préside, comme une autorité nécessaire et inviolable, la morale.

Qu'est-ce que le travail, si l'on fait abstraction des fins morales qu'il doit servir ? C'est la production pure et simple, c'est la transformation des forces de la nature en instruments de réalisation des volontés de l'homme. En un mot, c'est l'accroissement indéfini de la puissance. Mais de la puissance ne peut-on pas dire. ce que le fabuliste disait de la langue, à savoir que, selon l'usage que l'on en fait, elle est, ou la meilleure ou la pire des choses ? Ne venons-nous pas de constater avec épouvante à quel point la puissance est agent de destruction, non moins que de production salutaire ? Non, le travail, si noble qu'il soit, n'est pas une fin en soi. Sa noblesse lui vient de l'homme même, qui, par lui, peut s'élever indéfiniment au-dessus de la condition où l'enfermerait une nature aveugle. A l'idée de cette fin, l'usage du travail doit constamment être rapportée.

Mais, dira-t-on, cette direction de notre vie matérielle, qui est, à coup sûr, indispensable, ne la trouvons-nous pas dans le second terme de notre devise : Démocratie ? Ici encore, il faut distinguer,

Qu'est-ce, en soi, que la démocratie ? C'est la puissance gouvernementale considérée comme appartenant au peuple même sur lequel doit s'exercer le gouvernement. Quelle sera, dans cette définition, la signification du mot peuple, et la signification du mot gouvernement ? Sur ces deux points, l'interprétation est fort diverse ; et, selon celle que l'on adopte, le régime démocratique peut être, ou très libéral et bienfaisant, ou très tyrannique et pernicieux. Le fait d'avoir le droit de porter un revolver et de s'en servir à sa guise ne suffit pas à garantir qu'on en fera un bon usage.

Il faut au travail une fin, bonne en soi, qui en règle le régime. Et il faut que la démocratie, comme tout pouvoir, s'incline devant la souveraineté des lois morales dont le respect fait la dignité de l'homme.

Qu'on ne pense donc pas pouvoir jamais esquiver le problème de l'éducation morale des individus et des sociétés. Ce problème demeurera le problème vital et central. A l'écarter, quand bien même on n'exposerait pas nos sociétés aux pires catastrophes, on découronnerait la vie humaine.

La conséquence qui se dégage de vos études inspirées toutes du même esprit, c'est qu'une chose, en ce monde, importe par-dessus tout : l'éducation morale des individus et des sociétés.

L'éducation morale comprend deux parties : la formation du jugement moral, affaire surtout intellectuelle, et le développement de l'énergie morale, affaire surtout pratique. L'une des deux parties n'est rien sans l'autre.

Le problème qui s'impose à nous est, visiblement, de recueillir précieusement et de mettre en œuvre tous les moyens honnêtes et efficaces de créer, au sein des âmes individuelles et de l'esprit public, cette lumière et cette force indispensable que l'on appelle une conscience droite.

Tâche sublime, dont la claire vision crée déjà l'entente, l'estime mutuelle et l'amitié entre les hommes de bonne volonté.

Que de questions vitales, mon cher ami, soulève et traite votre livre ; et avec quel fruit vous nous faites réfléchir sur la guerre, sur le rôle et la valeur des contrats et du droit, sur la doctrine de l'exaltation du mal, sur les conditions d'une « démocratie des nations », etc. ! Réflexion à l'efficacité de laquelle nous avons foi. Car nous ne saurions abandonner la doctrine classique : Si l'évidence de la raison n'est pas l'effort de la volonté, du moins contribue-t-elle, chez un esprit bien fait, à solliter cet effort.

Agréez, je vous prie, mon cher ami, l'assurance de mon cordial dévouement.

EM. BOUTROUX

LA CONSCIENCE FRANÇAISE ET LA GUERRE

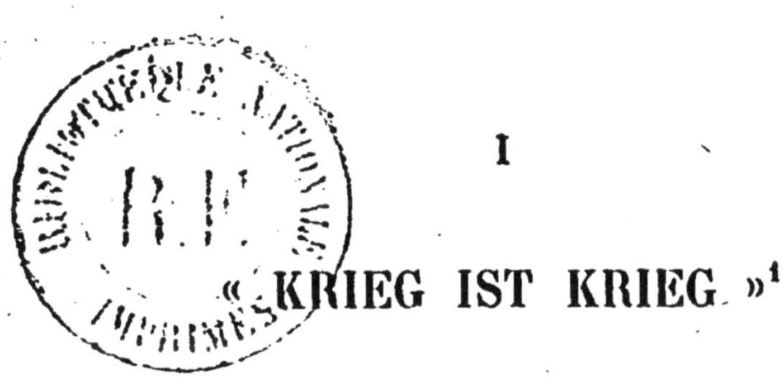

I

« KRIEG IST KRIEG »[1]

« La guerre est la guerre », voilà l'axiome que répètent les Allemands, et par lequel ils prétendent justifier leur manquement aux traités et aux conventions signées par eux, la violation des règles élémentaires du droit des gens ou de l'humanité, les exactions et les barbaries de toutes sortes qui leur sont reprochées. J'ai tort de dire : justifier, car, à leurs yeux, la guerre même les dispense de se justifier auprès d'un ennemi, et ce n'est que par une inconséquence et par une faiblesse devant l'opinion des foules qu'ils sont amenés à plaider, quand il devrait leur suffire de vaincre. Mais enfin c'est de cet axiome qu'ils se couvrent quand le

---

1. *La Paix par le Droit*, décembre 1914.

sursaut de la conscience commune commence à les inquiéter. Cette logique de la guerre, qu'ils conçoivent comme la suppression *ipso facto* de tout droit, de toute convention, en somme de tout rapport humain, est la tranchée où ils s'abritent contre les atteintes de la morale et de l'universelle réprobation.

Mais cet axiome peut aisément être retourné contre ceux qui l'invoquent. A tout prendre, il n'a en effet que le sens qu'on veut bien lui donner, et le sens allemand ne fait que nous révéler l'idée allemande de la guerre. Mais ailleurs qu'en Allemagne on demandera : Est-ce la guerre, que la violation préalable de la neutralité d'un pays à qui on l'a garantie ? Est-ce la guerre, que la destruction systématique, par les obus et par le feu, des villes et des moindres villages, est-ce la guerre que le bombardement, déterminé par la seule passion de nuire et de se venger, des chefs-d'œuvre de l'art et des sanctuaires de la piété nationale ou religieuse des peuples ? Est-ce la guerre, que de pousser devant soi, pour se garantir des coups de l'ennemi, les populations civiles, les femmes, les enfants, de fusiller sans motif, de livrer à un pillage en règle les propriétés publiques ou privées ? Est-ce la guerre, enfin, que la pratique de toutes ces « cruautés disciplinées » dont les exemples abondent si douloureusement ? Jusqu'ici, on avait répondu unanimement : Non, cela n'est pas la guerre, c'est de la barbarie, du vandalisme, de la sauvagerie criminelle. Et ce n'est pas seulement la conscience commune qui l'affirmait, ce sont des conventions écrites, longuement délibérées dans les conseils des peuples civilisés, qui en avaient ainsi décidé, consacrant les progrès accomplis dans le sentiment de la justice et de l'humanité, et jusque dans la pratique même de la guerre. L'âme, européenne était donc arrivée, en fait, à se donner une définition de la guerre, contre laquelle l'Allemagne prétend s'inscrire en faux, bien qu'elle y ait plus d'une fois souscrit. L'Allemagne, portant la guerre jusque dans le domaine des concepts, refuse aux mots le sens sur lequel on s'était entendu et veut substituer sa définition à la définition reçue par les autres nations et même acceptée préalablement par elle. Elle se met encore à ce point de vue hors la loi et au-dessus de la loi. Soit : nous ne pouvons attendre d'elle une autre attitude, et elle est conséquente avec elle-même, puisque, à ses yeux, la guerre est la suppression de tout rapport juridique et même de tout rapport vraiment humain avec l'ennemi, et ne laisse subsister que des forces brutes en présence l'une de l'autre.

Confrontons pourtant cette conception avec les faits : nous reconnaîtrons que la guerre est aujourd'hui une fonction sociale spécialisée, qui a ses organes et ses fins propres, et qu'elle comporte par suite une certaine part de convention. Ce fut autrefois simplement la ruée incoordonnée de toute une population sur une terre nouvelle, où il s'agissait de s'installer en évinçant ou en réduisant en servitude les premiers occupants. Les guerriers n'étaient qu'une avant-garde chargée d'ouvrir le chemin à la horde ; les femmes, les enfants, les vieillards, suivaient, sans esprit de retour, emportant toutes les richesses dans les chars et sur les bêtes de somme, poussant devant eux les troupeaux. On allait s'installer et vivre sur la terre conquise. Mais dès longtemps la guerre était la fonction propre d'un groupe limité de la population, qui engageait avec le groupe adverse une espèce de duel, où il s'agit de lutter pour une sorte de supériorité spécifique qui s'appelle la *victoire*. Le reste de la population était soigneusement tenu à l'écart de ce duel, et c'est même l'occasion de remarquer que les Allemands, si intransigeants contre la coopération des civils ennemis à la guerre, font sans le moindre scrupule la guerre aux civils, contrairement à toutes les conventions et à leurs propres exigences, en bombardant des villes ouvertes, en envoyant leurs *Tauben* assassiner au hasard des enfants qui jouent ou des femmes au marché, en déportant en captivité des populations entières. Qu'on songe seulement à ce qu'il y a de paradoxal, et presque de conventionnel, dans ces faits. Parce que quelques centaines de mille hommes armés se sont heurtés dans la vallée du Pô et dans celle du Danube, la France de 1801 obtient comme prix de son succès la frontière du Rhin et une bonne partie de l'Italie; parce que cent cinquante mille hommes ont été cernés avec leurs chefs à Sedan et deux millions de personnes affamées à Paris, la France, c'est-à-dire trente millions de personnes dont le plus grand nombre n'a jamais vu un ennemi, doit payer cinq milliards et céder deux provinces ; parce que quelques milliers de gens coiffés de casques à pointe sont à Lille au lieu d'être à Cologne, ou qu'au contraire ils sont à Metz au lieu d'être à Nancy, le berger landais qui du haut de ses échasses surveille son troupeau ou le vieux cultivateur qui arrache ses pommes de terre dans les sables du Brandebourg, sera réputé *vaincu*.

Ainsi la guerre est bien une fonction spécialisée, confiée à des organes distincts ; même avec les immenses armées d'aujourd'hui, c'est un nombre relativement faible de soldats qui décide du sort de centaines de millions d'hommes. Et de même les fins de la guerre sont également déterminées. Les destructions, les souffrances, les morts qui ne contribuent pas à ce résultat défini qui s'appelle la *victoire*, qui ne sont pas nécessaires à l'avantage *militaire* d'un des belligérants sur l'autre, sont exclus de sa définition. Elle n'est pas, quoi qu'on fasse, le simple déchaînement de toutes les forces, de toutes les haines, de toutes les cupidités, de toutes les violences. C'est une opération qui a ses règles et même ses conventions, non seulement expresses ou écrites, mais tacites et impliquées dans la nature des choses ; et c'est par là seulement qu'on peut y reconnaître un fait humain jusque dans son inhumanité, un fait social jusque dans la rupture des relations normales des peuples.

C'est donc à nous maintenant de dire : Oui, la guerre est la guerre et elle n'est pas ce que vous en avec fait. *Votre* guerre n'est pas *la* guerre. Elle était certes tragique, mais elle pouvait encore être noble, si, étant nécessaire, elle était loyale. Elle a su l'être en d'autres temps, et permettre aux deux adversaires de se respecter et même de s'admirer l'un l'autre. Il se pouvait que l'un et l'autre fissent honneur à l'humanité par une égale vaillance, par un égal esprit de sacrifice à une cause supérieure et désintéressée, par une égale grandeur d'âme. Dans cette guerre-là, l'Humanité se reconnaissait encore jusque dans sa douleur et dans ses deuils. Mais dans la guerre allemande, elle ne se reconnaît plus, elle ne reconnaît même plus la guerre. *Krieg ist Krieg !*

Mais du moins nous voilà prévenus. Ah ! nous croyions savoir ce qu'était la guerre. Vraiment, nous l'ignorions. On nous avait assez dit quelles en étaient les grandeurs et les gloires. On nous y montrait le jugement de Dieu, qui révèle la valeur des peuples. Avec plus de justesse, on nous avait dit les vertus qu'elle développe, les sentiments d'honneur, l'esprit de sacrifice qu'elle entretient, suscitant même chez les plus humbles des capacités cachées d'héroïsme ; et les pacifistes avaient dû, avec W. James, s'ingénier à retrouver, dans la vie normale, les équivalents des vertus martiales de discipline, d'abnégation, d'intrépidité. On savait aussi, et nous l'expérimentons avec honneur aujourd'hui, ce que peut la guerre pour faire l'unité morale d'une nation, apaiser les dissensions, rendre possibles d'emblée et faire accepter des mesures de salut national vainement réclamées pendant des années. Mais nous croyions bien savoir aussi ce que la guerre a d'horrible et de barbare. Dunant l'avait dit après Solférino, et l'Europe en avait eu le frisson. Nous l'avions douloureusement éprouvé en 1870, nous en avions été témoins en Mandchourie. On avait dressé l'effroyable bilan des destructions, des pertes de richesses des massacres d'êtres humains que la guerre imposait aux nations. On avait, d'après ces grandes expériences, supputé ce que coûterait une guerre nouvelle avec les formidables armements actuels, et il semblait à quelques-uns que devant de telles prévisions, le monde s'arrêterait épouvanté. Mais ce n'est pas tout. A l'expérience qui pouvait nous faire entrevoir ce que serait la guerre, les peuples civilisés s'étaient efforcés d'ajouter les prévisions résultant d'une entente préalable et de conventions expresses. Faute de pouvoir supprimer la guerre, on pensait pouvoir la définir et la réglementer. Ainsi la guerre ne serait pas livrée à la fatalité des forces de violence ou des passions déchaînées. La prévision, condition de toute sécurité dans l'action humaine, se retrouverait jusque dans la guerre, le contrat mettrait de l'ordre jusque dans le conflit : on saurait sur quoi compter.

Eh bien ! nous ne savions rien : ni l'expérience faite, ni les calculs essayés, ni les conventions acceptées ne nous avaient permis de prévoir ce que serait cette guerre, et c'est maintenant seulement que nous apprenons *ce qu'est la guerre*, toute la guerre, ce qu'elle pouvait être, ce qu'elle est après vingt siècles de christianisme, après deux ou trois siècles de progrès accélérés de la civilisation politique, juridique, scientifique, après quarante ans de paix européenne. L'Allemagne nous l'apprend en pratiquant ce qu'on pourrait appeler *la guerre absolue*, la guerre sans motifs avouables, la guerre sans règles, la guerre sans scrupules. La réalité a dépassé en horreur tout ce que les diffamateurs de la guerre avaient jadis pu décrire ou imaginer. Michelet disait : « Il faut déshonorer la guerre ; » ce sont nos ennemis qui s'en sont chargés. Nous savons maintenant que dès que la guerre *existe*, on ne peut se flatter d'en limiter la malfaisance. *Krieg ist Krieg.*

A quelle logique obéissent donc ceux qui saisissent ce moment pour maudire les « illusions » du pacifisme, pour reparler de ses « mensonges », pour dire que le pacifisme est mort, première victime de cette guerre ? Ils auraient raison seulement si le pacifisme avait jamais consisté à prophétiser la paix, à la prédire comme un événement qui se réaliserait tout seul, ainsi qu'un lever de soleil. Mais le pacifisme n'a jamais été une doctrine d'inertie, un fatalisme historique : il ne prédisait pas la paix, il travaillait à la préparer, à l'organiser, et il y travaillait avec d'autant plus d'ardeur qu'il connaissait mieux les difficultés, parce qu'il croyait à l'efficacité de la volonté persévérante des hommes pour conduire les destinées humaines. Alors, ne dites donc pas que le pacifisme est une illusion, car vous le diriez aussi bien du Sermon sur la Montagne. Si les pacifistes se sont fait illusion, c'est en ce qu'ils ne mesuraient pas encore exactement l'énormité du mal ; c'est en ce qu'ils ont continué à croire qu'on pouvait faire à la guerre sa part, et à espérer trop des demi-mesures et des palliatifs. Mais jamais, au contraire, aucune démonstration de leur doctrine, jamais une justification de leurs avertissements n'a eu la terrible force de l'expérience présente. De l'aveu unanime, l'enjeu de la guerre actuelle, c'est *la paix elle-même* ; non pas, comme d'ordinaire, un traité de paix plus ou moins précaire avec une nation pour qui les traités ne comptent pas, mais la paix affermie par la ruine définitive de l'esprit de conquête et la répression sans merci du brigandage international !

Tous ceux qui combattent dans les rangs des Alliés sont d'accord pour penser que ce qu'il s'agit d'abattre, c'est le militarisme allemand et la constante menace de guerre qu'il faisait peser sur l'Europe. Sans cet idéal, qui dépasse en étendue et en noblesse tous les égoïsmes nationaux, qui couronne et qui rehausse encore la sainteté des plus beaux patriotismes, comment comprendrait-on l'intime union, la fraternité d'armes sans exemple de tant de peuples si divers ? Guerre à la guerre, c'est maintenant que ce mot d'ordre se réalise à la lettre. Et c'est en cet instant qu'un de ces demi-penseurs, qui se croient philosophes parce que quelques écrits à thèse leur ont valu un certain renom littéraire, mais qui entendent de travers les idées qu'ils combattent, c'est en cet instant qu'il vient nous déclarer que le Pacifisme est criminel ! Osons dire au contraire que ce qui est mort par cette guerre, c'est l'apologie de la guerre pour elle-même, c'est non pas certes la volonté d'être forts contre les violents, mais le système de la violence ; c'est non pas le Pacifisme, mais le *Bellicisme*. L'homme qui a appris ce que la guerre devient de la part de ceux qui en ont professé le culte, qui a assisté aux boucheries de Belgique et de Pologne, auprès desquelles s'effacent les hécatombes napoléonniennes, l'homme qui a vu cyniquement violés les engagements les plus solennels, qui a reconnu quelle méthode d'anéantissement, quelle fureur voulue de dévastation sans but militaire, quel système d'espionnage, de mensonge, d'hypocrisie et d'inhumanité constitue la guerre pour le peuple qui en a fait sa principale industrie, celui qui a mesuré l'immensité des ruines accumulées et qui sait, pour ne pas rappeler tant de griefs aujourd'hui tristement banals, l'incroyable diminution infligée à ce capital moral si péniblement acquis pas l'humanité, la dilapidation de ce patrimoine commun que sont les idées de justice, de loyauté, de fraternité, l'homme qui a fait toutes ces expériences inouïes et décisives et qui refuserait encore d'être pacifiste, c'est celui-là qui serait un inconscient ou un criminel ! Il l'est, si dès cette heure tragique même, il refuse sa collaboration ou son seul assentiment à ceux qui veulent faire effort pour empêcher le retour de telles calamités, s'il refuse de travailler à l'œuvre de paix par tous les moyens, d'y travailler d'abord par cette guerre même, d'y travailler ensuite par la politique ou par la morale, d'y travailler auprès des Gouvernements ou auprès des individus, d'y travailler par la force ou par la persuasion, d'y travailler par la raison ou par la religion, par l'école ou par l'atelier, avec tout son cœur et toute son intelligence. Car celui-là sait enfin, mieux que nous ne le savions hier, que la guerre est la guerre, et il sait enfin ce qu'elle est.

II

LA GUERRE ET LA DÉMOCRATIE [1]

On ne peut s'empêcher de répéter, parce que plus l'on y réfléchit, plus l'imagination en reste confondue, combien est immense l'événement historique actuel, qui met aux prises dix nations, — et bientôt plus sans doute, — et qui se répercute jusqu'aux extrémités de l'Afrique, de l'Asie et de l'Océanie. Jamais pareilles puissances de destruction ne se sont déployées, jamais sommes aussi fabuleuses ne se sont dépensées, non pour créer, mais pour anéantir. On creuserait plusieurs fois le canal de Panama avec ce que chaque mois l'Europe dépense et avec ce qu'elle détruit. Je laisse de côté, comme étrangère à tout calcul, la valeur des existences humaines.

Mais si, considérée au point de vue matériel, cette

1. *Revue de métaphysique et de morale,* numéro daté de septembre 1914, publié en juin 1915,

guerre dépasse toute mesure connue, ou même appréciable à nos imaginations[1], considérée au point de vue moral, elle présente aussi une incomparable grandeur. C'est peut-être ce qui nous permet le mieux d'en supporter l'épouvantable pensée. Dans cette lutte mondiale, le sentiment est très net des deux côtés, mais surtout chez les Alliés, qu'il n'y a pas là seulement un conflit d'ambitions contraires, mais que c'est aussi, à un degré qui ne s'est peut-être jamais vu, une guerre de principes, que ce sont deux conceptions opposées de l'ordre humain, de la vie des sociétés et de leurs relations qui sont aux prises.

Un tel événement est donc pour nos consciences un incomparable ferment. Il nous impose un nouvel examen de nos croyances, de nos affirmations, de notre idéal. Il nous fournit un redoutable critère pour en juger la portée et la valeur. Sans doute, chacun fait effort pour l'interpréter d'abord en faveur de ses convictions. Nous voyons l'homme de foi en augurer une renaissance religieuse, parce que la religion lui fournit un refuge dans les détresses, une force dans les dangers, une consolation dans les deuils ; et nous voyons le libre penseur constater quelle a été l'impuissance égale de toutes les religions à dominer et à diriger l'événement, à classer les belligérants,

---

1. M. Ch. Gide calculait récemment qu'un citoyen français, en apportant à son gouvernement le montant d'une obligation de 1.000 francs, lui permet de pourvoir aux exigences présentes de la France pendant *un peu plus de deux secondes !*

à régler leur action, tandis que des motifs nationaux, ethniques, économiques, se montraient déterminants et primaient des principes soi-disant souverains. Pourtant, il n'est pas non plus sans exemple que la secousse ressentie ait amené des conversions ; nous en connaissons d'assez retentissantes et significa-, tives qui peuvent nous engager à examiner aussi nos jugements, pour voir s'ils sont à l'épreuve du feu qui embrase le monde.

Mais de plus, il ne s'agit pas seulement de voir et de comprendre. C'est encore une action, la plus utile de la part de ceux qui ne sont pas appelés à l'action, que d'essayer d'interpréter l'œuvre qui s'accomplit. La conscience claire n'en est pas simple spectatrice : elle y collabore. Si l'événement est un événement humain, il sera pour une bonne part ce que nous le ferons être en le pensant, et c'est pourquoi il faut s'efforcer de le penser à l'heure même où il se produit. Sous un déchaînement de forces dont la violence et la brutalité font songer à un cataclysme de la nature, il nous faut démêler et développer les forces morales qui lui impriment une direction, une finalité, où l'homme puisse se reconnaître et, si possible, trouver son compte. Alors seulement tout ne sera pas perdu dans l'immense catastrophe et une demeure nouvelle nous semblera préparée dans les ruines mêmes. Jamais le caractère précaire des valeurs matérielles n'aura été plus clairement manifesté aux consciences les plus obtuses ; jamais le prix et la per-

manence des valeurs morales n'auront par contraste
acquis plus d'évidence. Si les épreuves de la vie per-
suadent l'âme religieuse de la vanité des biens temporels et la rejettent violemment vers les espérances
mystiques, une transposition positive de cette « conversion » nous est imposée par l'excès même des calamités que traverse notre civilisation. Nous pouvons
espérer, nous voulons faire, qu'elles servent du moins
dans l'ordre moral, et nous y chercherons, à notre
manière, un instrument de notre « salut ».

Nous ne saurions d'ailleurs nous lasser de pousser
la guerre dans le domaine des idées et des doctrines.
Il n'est ni dans notre caractère ni dans nos principes
d'attendre de savoir qui triomphera pour dire qui a
raison. Le propre du *droit* est de se prononcer avant
l'effet, parce que c'est une règle, un idéal et non un
résultat, parce qu'il est de l'ordre de la finalité et
non de la causalité. La doctrine allemande serait
infirmée par le fait même de sa défaite ; tandis que,
même si nous devions être vaincus, nous pourrions
encore savoir et nous devrions maintenir que notre
cause est la bonne. L'Allemagne, divinisant la force,
doit vaincre pour savoir qu'elle a raison, et il lui
suffit de vaincre. Mais à nous la victoire ne suffirait
pas ; il nous faut la conviction que notre cause est
juste et que notre victoire serait celle du droit ; et
il nous faut, d'avance, l'idée des fins et des usages
de la victoire, des intérêts supérieurs auxquels elle
doit servir.

C'est un point de cet examen de conscience que je voudrais aborder ici, un peu de cet effort que je voudrais essayer, en me demandant ce que notre foi dans la démocratie peut apprendre, craindre ou espérer de cette guerre. C'est une question à laquelle un Français ne peut guère se soustraire ; car si la France n'a pas réalisé plus de démocratie que tels autres pays civilisés, on ne peut guère contester que c'est elle qui a le plus tôt et le plus explicitement pris conscience des principes de la démocratie et qu'elle a été le plus ardent foyer de leur rayonnement. Issus en ligne directe de la pensée cartésienne, à travers Rousseau et la Révolution, ils se sont si bien incorporés à la conscience française que ceux-là mêmes qui, à certains égards, les répudient, en réclament le bénéfice et qu'aujourd'hui, en particulier, ils ne pourraient les renier expressément sans paraître abandonner un élément du patrimoine et de la cause de la France.

Quelle place tiennent donc ces principes dans le débat ouvert par les armes ? Quel sort l'issue de la lutte peut-elle leur réserver ?

**
*

I. — Ce qui obscurcit la question, c'est qu'elle peut se poser de deux manières bien différentes. On peut se demander d'abord quel est le rapport entre l'esprit ou les institutions démocratiques et le *fait*

de la guerre en général ou de cette guerre en particulier ; ou bien on peut se demander dans lequel des
deux groupements en lutte est engagée la cause de
la démocratie et si elle peut attendre, du triomphe
de l'un ou l'autre, un progrès ou une déchéance.
Quoi qu'on puisse décider sur ce second point, où
les avis ne semblent guère pouvoir être divisés, la
première question reste intacte. Ce qui peut même
embarrasser une conscience très sincèrement acquise
aux principes démocratiques, c'est qu'ils paraissent
foncièrement inadaptés à l'état de guerre, et à la préparation même de la guerre, tandis qu'en même
temps la guerre nous est imposée en fait, comme
s'imposait la préparation de la guerre, par des raisons
extérieures, et en particulier parce qu'un puissant
État voisin était gouverné de la manière la moins
démocratique. Ainsi surgit pour la conscience du
démocrate une sorte d'antinomie qui n'embarrasse
pas son adversaire. Pour celui-ci il y a une certaine
homogénéité entre l'état de guerre et le régime politique auquel il adhère. Pour l'autre, il y a opposition.
L'antithèse que Spencer établissait entre le régime
industriel et le régime militaire s'est révélée inexacte,
parce qu'en effet le régime industriel n'implique pas,
autant que le croyait Spencer, le règne de la liberté
et du contrat. Mais si, dans cette antithèse, on substitue au terme économique « industrie », un terme
d'ordre moral et politique, démocratie, elle redevient
défendable et presque évidente.

Dès avant la guerre, on nous en avait averti, et non pas certes dans un esprit hostile à la démocratie. « Faites un roi, nous disait-on, ou bien faites la paix. » Cette invite laissait bien un peu sceptique celui-là même qui nous l'adressait. Il ne pensait pas sérieusement ni que la France voulût la guerre, ni surtout, qu'elle pût faire un roi. Mais, à supposer que cela fût possible, pourquoi un roi eût-il mieux préparé la guerre ? Louis-Philippe et Napoléon III sont des exemples peu encourageants. Et qu'eût pu faire un roi, si ce qu'il fallait changer, c'était non une étiquette gouvernementale, mais nos mœurs politiques, nos habitudes, nos manières de penser et de sentir ? Et ne voit-on pas qu'avec un roi et un esprit de suite remarquable dans les affaires, une grande monarchie voisine et amie, mais où l'esprit démocratique est également dominant, était encore moins encline et même moins préparée à la guerre que nous ne l'étions? La première partie de la formule était donc amusante sous la plume d'un socialiste qui ne manque pas d'esprit, mais elle ne méritait guère plus que ce sourire.

On pensait dire quelque chose de plus solide en nous disant de « faire la paix ». Mais en vérité le conseil se trompait étrangement d'adresse. La paix, nous avions assez témoigné combien, loin de la menacer, nous y tenions ; mais on ne nous la laissait pas un instant ; les provocations succédaient aux provocations, de plus en plus aiguës. Offrir nôtre amitié pour obtenir la tranquillité ? Mais notre amitié, on n'en voulait pas ; ce qu'on voulait, c'était notre abdication, et l'événement a bien prouvé que cette paix-là, même si nous eussions été d'humeur à l'accepter, n'eût fait qu'encourager de nouvelles convoitises et des agressions devenues moins hasardeuses. Renier nos espérances du côté de l'Alsace-Lorraine ? Mais, même si nos sentiments l'eussent permis, nos principes nous l'interdisaient. Car ce n'était pas, au fond, de *notre* droit qu'il s'agissait là, mais du droit des populations annexées. Il ne nous appartenait pas d'y renoncer. C'est ce que les Allemands, fermés comme ils le sont à la notion du droit, n'ont jamais pu comprendre ; leur vanité et leur brutalité conspiraient pour les empêcher de voir dans la résistance des provinces conquises autre chose qu'un effet de je ne sais quels encouragements sournois et occultes venus d'ici, et dont on n'avait nul besoin là-bas pour honnir l'oppresseur. Ainsi la paix qu'on nous priait de faire ne dépendait pas de nous ; le prix dont il eût fallu l'acheter n'était même pas dans notre poche ; y eût-il été enfin il pouvait tout au plus payer une trêve illusoire, grosse des plus odieuses menaces. Je ne puis voir quel profit la démocratie française pouvait faire d'un tel conseil.

Mais si, sous l'apparence d'un conseil aussi impossible à comprendre qu'à suivre, nous cherchons une vue théorique, peut-être trouverions-nous un sens sérieux et défendable à une formule malencontreusement humoristique.

Il reste vrai que la Démocratie, et c'est son honneur, est essentiellement faite pour la paix, et n'a de sens que relativement à un état de paix. Celui qui admet cet idéal politique, en effet, ne peut le faire que parce qu'il y voit la formule d'un état social stable et solide, — je ne dis pas immobile, — une expression rationnelle de l'organisation d'une société. Or seul l'état de paix peut être pour les sociétés un *régime* normal. Les plus fanatiques admirateurs de la guerre ne peuvent soutenir qu'elle soit autre chose, dans la vie des peuples, qu'un accident, une crise, un désordre ; un désordre inévitable peut-être, mais un désordre ; un accident à prévoir, mais enfin un accident ; une crise utile et un moyen extrême, mais enfin une crise et une procédure d'exception. On ne voit pas comment on ferait entrer dans la construction idéale d'un régime de vie normale pour les sociétés, une condition qui lui est tout extérieure ; ce sont les conditions *internes* et les fins propres du corps social qu'on peut seules faire entrer dans une telle définition. C'est là une abstraction ? Assurément, puisqu'il ne s'agit plus de l'État comme produit *naturel*, mais d'un *idéal*, puisque, en fait, il y a une pluralité d'États qui se limitent mutuellement, et puisque, en fait, tous les États se sont formés dans et par les conflits armés. Mais j'en conclus seulement que la réalisation de cet idéal restera incomplète, tant que ces conflits seront possibles ; je n'en puis conclure qu'il cesse d'être un idéal. Cet idéal n'est pas une simple chimère, puisque dans l'organisation réelle des États, considérés sous le régime de paix, nous en trouvons déjà nombre d'éléments constitutifs réalisés, et progressivement développés. Mais il reste qu'un régime essentiellement conçu pour la paix doit sous quelque rapport se montrer mal adapté aux exigences de la guerre, comme inversement l'état de guerre doit mal s'accommoder des formes de l'ordre démocratique.

Tout d'abord une démocratie ne saurait envisager la guerre comme une fin ni comme une de ses fonctions propres. Qu'est-ce qu'une démocratie ? C'est un régime caractérisé par l'appel fait à la raison, à la conscience claire, au consentement. Il peut bien le cas échéant recourir à la force pour se défendre, au dehors comme au dedans. Mais il serait contradictoire à sa nature de vouloir s'imposer et se répandre par la force, comme il le serait de remplacer la loi par la police. La Révolution française, remarquons-le, a été expansive, mais non agressive ; elle n'a fait explosion au dehors que parce qu'on a d'abord cherché à la comprimer du dehors. Une démocratie est un État fondé sur le droit et la liberté. Il ne peut normalement songer à attenter au droit et à la liberté des autres. Par cela même, il n'est pas non plus disposé à imaginer qu'on menace une liberté qui ne menace personne. Un honnête homme est volontiers confiant ; nous nous représentons naturellement les autres à notre image. L'État démocratique est un honnête homme d'État. C'est un naïf, me dira-t-on. Soit, puisqu'il néglige l'expérience extérieure, qui lui révélerait l'existence du crime, pour se fier trop simplement à son expérience morale interne, qui sent le crime absurde et impossible. Pourtant comment cette disposition psychologique ne serait-elle pas naturelle à une conscience droite ? Aimeriez-vous beaucoup à vivre, dites-moi, dans la société de gens qui comprendraient sans effort les mobiles des escrocs et cambrioleurs, qui imagineraient avec aisance les impulsions du sadique et de l'assassin, qui d'emblée verraient très clair dans ces âmes de ténèbres ? On a reproché à l'Angleterre, à la France surtout, de n'avoir pas assez cru à la guerre, de ne l'avoir pas assez préparée. Certes, les avertissements n'avaient pas manqué ; on peut regretter qu'elles n'en aient pas tenu assez de compte. Mais on ne m'empêchera pas de penser que cette imprudence même ne va pas sans quelque honneur. Elle n'est pas seulement le fait d'une incurie, d'une faiblesse, d'un *manque*. Elle résulte aussi de quelque chose de *positif* dans notre âme : de notre idéalisme, de notre foi dans le droit et dans les contrats, de notre mépris pour les entreprises de violence et de haine. Estimera-t-on supérieur, en lui-même, l'esprit d'une nation sans cesse tournée vers les œuvres d'agression et de conquête, et qui, sans avoir doté le monde d'aucune des grandes inventions dont elle tire sa puissance militaire, explosifs terribles, télégraphie sans fil, aviation, navigation sous-marine, n'en pouvait voir apparaître une sans y chercher immédiatement des instruments de destruction et de mort, sans songer avant tout à tourner contre les autres des découvertes auxquelles elle n'avait aucune part ? De ces deux types de peuples, quel est celui dont vous préféreriez que fût composée l'humanité ? Au jour du jugement des nations, on saura bien, malgré l'accumulation des mensonges et des hypocrisies, qui est responsable de la guerre. Il suffira de constater que les unes ont été prises presque au dépourvu et ont mis six mois à se ressaisir, tandis que, chez les autres, tout était prêt, jusqu'aux organisations de crime, jusqu'au formulaire de leur justification, jusqu'aux nominations de gouverneurs des villes à conquérir, jusqu'au programme des triomphes à célébrer. Quelle preuve plus décisive ? Quel Livre Jaune contient un acte d'accusation plus saisissant ?

Ne nions donc pas que les démocraties soient moins tournées vers la guerre, moins disposées à y penser, à la préparer, à en accepter la perspective ; cela même est à leur honneur, parce que ce sont des organisations sociales faites pour le progrès et reposant, non sur la force, mais sur la liberté et sur le droit.

La préparation de la guerre a un double complément dans la politique intérieure et dans la politique extérieure. Que la politique de guerre soit en opposition avec les conditions fondamentales des institutions démocratiques, il est à peine besoin de l'établir. Jetons un coup d'œil sur le régime normal de l'Allemagne ; nous le verrons moins distant que le nôtre de celui qui est propre à l'état de guerre. Qu'y voyons-nous ? Une autocratie de droit divin dont les fondateurs n'ont jamais admis qu'ils pussent tenir leur autorité du peuple ni lui devoir des comptes : Frédéric-Guillaume IV refusa la couronne impériale plutôt que de la recevoir d'un Parlement élu ; des ministres qui ne sont que des organes du souverain, sans aucune responsabilité devant les assemblées ; des lois de lèse-majesté qui divinisent l'empereur ; une presse vénale et asservie ; l'exclusion de certaines fonctions publiques et de certaines dignités (de l'armée en particulier) maintenue contre certains groupes ou certains partis (juifs et socialistes) ; la subordination constante du pouvoir civil à la caste militaire (affaire de Saverne) ; par-dessus tout cela un système d'éducation qui annule toute liberté critique, mécanise les esprits au lieu de les former, les oblige à marcher au pas de parade et à penser par ordre. Qu'importe, après cela, le nombre de voix socialistes ? Un chiffre, mais non une force politique. Et que voyons-nous dans la guerre elle-même ? La discussion parlementaire réduite à son minimum, le droit de réquisition étendu presque sans limite, la mainmise, de diverses façons (moratorium, séquestre), sur la propriété privée, la censure appliquée non seulement aux nouvelles d'ordre militaire, mais à toutes

Sortes d'informations ou même d'appréciations que le pouvoir juge inopportunes, l'aggravation des pénalités, la suppression des juridictions corporatives, en un mot la réduction ou l'abolition de la plupart des garanties dont le développement caractérise le régime démocratique. Non seulement la guerre elle-même ne saurait sans absurdité être gérée suivant les formes démocratiques de discussion libre, de délibération ouverte et publique ; mais, par une irradiation inévitable, l'état de guerre étend à la vie même du pays une partie de ces formes d'autorité et de ces procédures dictatoriales que la guerre exige. Il est donc clair que, toutes choses égales d'ailleurs, un pays habitué, dès le temps de paix, à un régime analogue, souffrira moins de la transition. Notre ennemi, en effet, escomptait bien le désarroi où devait nous plonger un aussi brusque changement d'habitudes. Il s'est trompé dans son espérance, pour toutes sortes de raisons inutiles à rappeler, mais en particulier parce que notre amour démocratique de la justice s'est retourné contre lui. Il n'en est pas moins évident que nous avons dû, pour le salut même des *principes* que nous défendions avec notre existence, sacrifier les *formes* ordinaires de leur action.

L'œuvre militaire a pour complément indispensable l'œuvre diplomatique. Le rôle en a été dans les événements présents d'une ampleur proportionnée au conflit lui-même. Le déclanchement du cata-

clysme est résulté du jeu des alliances ; tous les dé-
clics en étaient tendus d'avance dans les traités ou
les ententes. Il est à peine utile de remarquer que la
diplomatie de la République a été singulièrement
plus heureuse que celle de 1870, et ne s'est pas montrée
inférieure à celle de l'adversaire. Les raisons de cette
supériorité n'ont pas lieu d'être analysées ici. Mais
nous doutons que personne y voie un succès propre
de la démocratie. Rien au contraire, mieux que les
conditions de l'œuvre diplomatique, ne permet de
reconnaître les bornes de ce régime. Il y a quelque
chose de déconcertant, à ce point de vue, dans la
pensée que sept ou huit personnes, derrière les dou-
bles portes d'un cabinet ministériel, disposent du
sort de millions d'hommes et décident, sans leur
assentiment, dans quel cas ils devront se ruer les
uns sur les autres. Qu'au moment de la crise un pays
libre comme la France, l'Angleterre, l'Italie, ne
sache pas à quoi l'engagent les traités passés en son
nom, non plus que les garanties qui lui sont fournies,
il y a là pour la conscience démocratique, vouée à
la clarté, à la véracité, à la probité contractuelle,
une sorte de scandale. La nécessité pratique l'impose, la confiance accordée aux gouvernements l'at-
ténue, l'intérêt des résultats le font accepter ; il
reste pourtant que le secret diplomatique est en
flagrante opposition de fait avec les méthodes normales de la démocratie et en pose une des plus évi-
dentes limites. Ce secret restreint même la valeur

contractuelle des traités. Le secret intérieur des gouvernants vis-à-vis de leurs sujets, car si les gouvernements seuls traitent, comment répondre qu'au jour des décisions, le peuple tiendra la parole donnée en son nom ? Il n'y en a que deux garanties, la docilité passive du peuple, et la justesse de vue des gouvernants ; mais la première n'est pas dans l'esprit d'une démocratie, et quant à la sagesse des gouvernants, quelle assurance peuvent-ils fournir qu'ils ont bien jugé des intérêts et des tendances de la nation, ou que ces intérêts et ces tendances n'auront pas changé ? Il y a ensuite le secret extérieur, celui des gouvernements contractants vis-à-vis des autres. Mais quelle absence de sécurité et de confiance mutuelle en résulte dans les rapports internationaux ! *Savoir sur quoi compter*, n'est-ce pas la condition de toute liberté pratique et de toute organisation de la vie ? Comment pouvions-nous croire aux assurances réitérées de Bismarck sur le caractère purement défensif de la Triplice ? Et de fait l'Allemagne paraît bien avoir espéré que l'Italie, en dépit des termes de l'alliance, serait amenée à marcher avec elle (1), entraînée par son gouvernement, tandis que l'événement a montré le peuple entraînant le gouvernement en sens opposé. Tout permet de penser, d'autre part, que l'Allemagne n'eût pas engagé la guerre, si elle avait été certaine d'avoir l'Angleterre

(1) Voir à cet égard les correspondances singulièrement instructives de J. Carrère, dans *le Temps* du commencement de mai 1915.

contre elle (1). Personne, ni les Allemands, ni les Français, ni les Anglais eux-mêmes, ne savait à quoi l'Angleterre était *tenue* par l'Entente, et à vrai dire, nous ne le savons pas encore. Pour simple qu'elle soit, une telle remarque n'en a pas moins son importance théorique et pratique. Théoriquement elle montre à quelle distance les nations les plus avancées restent, dans leurs rapports internationaux, d'une organisation démocratique. Pratiquement, à une heure où il se trouve une grande puissance pour considérer ses engagements les plus explicites comme des « chiffons de papier », où même d'honnêtes nations neutres ne jugent pas que l'outrageante violation des conventions *qu'elles ont signées et où elles sont parties contractantes* leur commande même une simple protestation, est-il vain de remarquer que la *notoriété* est pourtant un élément de force pour les contrats quels qu'ils soient, et que les traités internationaux, déjà trop dépourvus de toute sanction, sont encore affaiblis par le secret qui les enveloppe, et les soustrait à l'influence de l'opinion publique ? Je n'examine pas comment il en pourrait être autrement. Je constate seulement que le régime présent de la diplomatie, au milieu d'un état politique où les principes démocratiques ont déjà conquis tant de place, rappelle encore d'assez près les temps où l'on trouvait tout naturel que les

(1) Cf. *Documents diplomatiques* (Livre Jaune), Annexe II, 162 et suiv., et l'interview de M. Ballin, *Information* du 16 avril 1915.

rois pussent acquérir par conquête, par cession, par héritage ou par mariage, provinces et populations.

Ainsi, dans le sens où je l'indique, ni la démocratie ne prépare à la guerre, ni la guerre ne prépare à la démocratie. Qu'on ne se méprenne pas sur ce que je veux dire : je ne veux évidemment pas prétendre qu'il soit impossible à *une* démocratie de savoir vouloir et faire la guerre quand il le faut ; des exemples historiques montreraient aisément le contraire. Je dis seulement que l'esprit de la démocratie est essentiellement une force de développement *interne* et pacifique, qui implique le consentement, le contrat et le grand jour, qui exige en pratique des formes juridiques régulières et lentes, des formes politiques de discussion, de délibération, de libre examen dans la presse et l'opinion publique, et que tout cela est à peu près exclu par les conditions du régime de guerre. La démocratie est en somme un régime de réflexion et de raison, et l'on ne niera pas que les procédures de l'activité réfléchie soient naturellement lentes. La guerre veut des réactions rapides et vigoureuses. Personne ne contestera cette sorte d'opposition entre la guerre et la démocratie, ni ceux qui en tireront argument contre la démocratie parce que la guerre serait fatale ou même bonne, ni ceux qui en tireront la condamnation de la guerre, parce que la réflexion politique comme l'expérience historique leur paraissent prononcer en faveur de la démocratie.

Il est clair que cette logique des choses est sujette

dans la réalité à mainte correction, et que des besoins opposés trouvent entre eux des accommodements. Cette logique n'est d'ailleurs pas une abstraction arbitraire, puisque nous voyons dans les faits une assez ample vérification de cette relation entre les idées. Mais la complexité des faits et la souplesse, de la vie débordent la simplicité de ces rapports. Plus précisément il est impossible que les puissances morales que requiert et développe la vie démocratique ne se traduisent pas aussi dans l'œuvre de la guerre. Nous voyons, par l'exemple de la Révolution, par celui de la France présente, qu'une démocratie trouve en elles de ressources morales, de ces « forces qui ne s'usent pas », capables de compenser, et bien au delà, les puissances du fanatisme ou de la mécanisation guerrière. C'est une de ces forces que de sentir qu'on défend non pas seulement une ambition plus ou moins « glorieuse, » une tradition dynastique; non pas seulement même une existence, celle de son pays et de sa race, mais un idéal humain, une *cause* désintéressée. Cela est si vrai qu'il a fallu persuader au peuple allemand que lui aussi défend une « Kultur » et non pas seulement des convoitises territoriales ou économiques ; thèse d'ailleurs factice et sans profondeur, imaginée pour la galerie, et qui n'émane pas spontanément de la conscience d'un peuple qu'on a systématiquement privé de toute autonomie intellectuelle et politique. Jusque dans la discipline militaire elle-même, les habitudes d'initiative et de responsabilité individuelle, les sentiments personnels de respect et de sympathie qui unissent chez nous l'inférieur et le supérieur, valent bien, on l'a remarqué, l'obéissance passive, l'automatisme, le système d'autorité brutalement hiérarchique et dure qui règnent chez nos ennemis. A cela s'ajoutent une foule de circonstances, présentes à tous les esprits, qui ont ramené à la surface de notre être, revivifié, organisé, certaines forces cachées du caractère français et opéré une sorte de conversion partielle de notre conscience nationale. Mais rien de tout cela n'infirme ce qui précède. Au contraire cette colère réfléchie et consciente qui unit en particulier l'Angleterre et la France contre l'Allemagne, n'est-elle pas avant tout la colère des deux démocraties, les plus avancées de l'Europe, contre le militarisme allemand et son culte de la force, parce que ce système non seulement les menace aujourd'hui dans leur existence et dans leur liberté, mais pèse depuis cinquante ans sur le développement de leur vie interne, entrave l'évolution de leurs virtualités propres et la réalisation plus complète de leurs aspirations politiques et sociales ?

***

II. — Ceci nous amène à notre seconde question : Qu'est-ce que la démocratie peut attendre de cette guerre ? Quels dangers la menacent ou quelles espérances lui sont ouvertes dans l'issue de cette lutte ? Cela revient à peu près à se demander dans quel camp sont les défenseurs de l'idéal démocratique.

A la question ainsi posée, la réponse paraîtra chez nous évidente : la cause de la démocratie est attachée au succès des Alliés. Qu'ils triomphent, elle progresse partout en Europe ; qu'ils succombent, je ne dirai pas qu'elle est vaincue, parce qu'on ne tue pas les idées à coups de canon, mais enfin elle recule pour un temps probablement long. Nous le croyons aussi, mais enfin en dehors de notre milieu, la chose peut n'être pas aussi claire, et nous en sommes avertis par l'intéressante discussion qui s'est élevée entre M. Ch. Gide et M. Michels, Allemand de naissance, natu-ralisé Italien, fonctionnaire suisse, actuellement professeur à Bâle (1). M. Michels, on le voit, a lar-gement usé pour son compte personnel du contrat social.

M. Michels raille la simplicité de vues de ceux qui se demandent dans quel camp combattrait « Dame Démocratie », à la façon des dieux et des déesses du monde homérique, qui prenaient place dans les rangs des Grecs ou dans ceux des Troyens. Il est toujours

(1) Le point de départ de cette polémique est une interview de M. Michels publiée dans le journal connu de Bologne *Il Resto del Carlino*, le 19 novembre 1914. On en trouvera la suite dans la revue *l'Émancipation*, de Nîmes, décembre 1914 et avril 1915, ainsi que dans la *Riforma sociale* de Turin (avril-mai 1915). Nous retrouverons ici plus d'un élément de l'excellente argumenta-tion de M. Gide.

utile, remarquait Pareto, que les peuples croient être soutenus par leurs dieux. Or aujourd'hui, dit M. Michels, la Démocratie est la déesse de tous les peuples, l'universelle idole. « Les Allemands ont, de la meilleure foi du monde, la conviction de combattre pour la démocratie contre la Russie ; ils ont tort. Les Anglais et les Français ont la même conviction en combattant contre l'Allemagne ; ils ont également tort. La démocratie reste complètement en dehors du débat. La guerre actuelle doit son origine à des causes autrement élevées que des questions plus ou moins discutables de politique parlementaire et intérieure. » Si par démocratie, ajoute M. Michels, on entend la garantie des libertés individuelles, il est certain que la France et l'Angleterre sont en cela plus avancées que l'Allemagne, où un juif, un socialiste, — M. Michels en fait personnellement l'expérience, — sont exclus de certaines fonctions. Mais si par démocratie on entend l'ensemble des lois qui assurent à un peuple un certain niveau de bien-être, l'Allemagne, avec sa législation sociale, est plus avancée que la France. Finalement, ce qui domine le problème des causes et de l'issue de la guerre, c'est le principe des nationalités, thèse qui ne manque pas de piquant sous la plume d'un écrivain qui en cumule trois. Ce principe n'est d'ailleurs que « le principe démocratique transplanté sur le terrain de la politique étrangère, qui est son véritable terrain. Il s'élève alors bien au-dessus de la démocratie *ad usum internum,* étant de beaucoup plus clair et pour ainsi dire plus primitif. »

Il y a en tout ceci matière à réflexion, sans doute, mais il y a place aussi pour nombre de corrections.

Tout d'abord autre chose est de parler des causes de la guerre, autre chose de parler de ses fins et de ses résultats possibles. Il est fréquent que les faits humains soient tournés à un usage qui n'était pas impliqué dans leurs origines, comme le nez à porter des lunettes. La finalité s'y introduit souvent après coup et n'y était pas immanente. Il est bien évident que ce n'est pas la question de la démocratie qui a déchaîné la guerre. Mais il est tout naturel que des peuples démocratiques, brusquement provoqués par un brutal accès de violence dominatrice et conquérante, voient se réveiller plus intense leur idéal de liberté et de développement pacifique, et qu'ils cherchent dans le triomphe de cet idéal une des fins de leur effort. A l'esprit d'oppression qui caractérise à la fois la politique intérieure et la politique extérieure de leurs ennemis, il est naturel qu'ils opposent, sur les deux points aussi, une politique diamétralement contraire. On se définit par ses adversaires peut-être plus encore que par ses amis. C'est pourquoi la présence de la Russie parmi les Alliés est un argument qui ne porte pas. Car sans même considérer que la Russie s'est levée, non comme conquérante, mais aussi bien que l'Angleterre, comme protectrice d'une petite nation menacée, il reste que si tous les

Alliés ne sont pas en démocratie, aucun de leurs ennemis n'y est. « Dame Démocratie » n'est vraiment
chez elle que dans un des deux camps ; l'autre l'a
toujours répudiée. Avec quel prisme regarde-t-on
les choses pour prétendre qu'elle se trouve aussi
bien aux côtés de Guillaume II, de François-Joseph
et du Grand Turc ? Il s'en faut qu'elle soit une idole
aussi universellement adorée !

Quand on vient nous dire que les Allemands se
croient de bonne foi les champions de la démocratie
contre la Russie, la méprise est évidente. Les champions d'une « civilisation » plus avancée, sans doute,
si à leur façon, on définit la civilisation par la quantité
de pages imprimées, la densité du réseau ferré, la
puissance de la machinerie industrielle ou administrative. Mais rien de tout cela ne constitue la démocratie. Je serais curieux de voir un texte officiel (y en
a-t-il d'autres qui comptent dans l'Allemagne actuelle ?) où la cause allemande soit représentée
comme la cause de la démocratie ! M. Michels serait,
je le crains bien, désavoué sur ce point par sa patrie
d'origine.

Il invoque, il est vrai, pour son propre compte, le
remarquable développement des lois sociales en Allemagne. Nous n'aurons pas la puérilité de les dénigrer.
Mais ce n'est pourtant pas là de la démocratie.
D'abord ces lois, remarque justement M. Gide, ont
été octroyées par un gouvernement autoritaire, qui
en cela visait surtout à endiguer et à capter le courant

populaire pour le mieux maîtriser. Sans doute, répond-on, mais elles n'en ont pas moins été arrachées au gouvernement par la poussée menaçante de la classe ouvrière, elles en ont amélioré le sort, et ont limité la puissance patronale. Cela est exact ; mais même en faisant ainsi la part de l'effort populaire dans l'obtention de ces avantages, nous ne reconnaissons pas encore là une vraie notion de la démocratie. Elle ne se définit nullement par certaines conditions de bien-être qu'un intérêt de classe aura obtenues de la faiblesse ou de l'habileté des gouvernants. Est-ce parce que les clameurs du peuple auront arraché aux princes *panem et circenses* qu'un tel régime sera démocratique ? Pas plus que ne l'était le communisme paternel des Jésuites au Paraguay. La démocratie est définie par un principe *moral* d'autonomie, de *self government*. Or, de cette autonomie, les socialistes allemands n'ont pas conquis ni même réclamé la moindre parcelle, ni pour eux, ni, ce qui serait infiniment plus significatif, pour l'ensemble de la nation. Ils le savent bien, puisque ce sont eux qui ont volontairement réduit le programme du socialisme à la question économique et à la guerre de classes, à la « Brot und Butter Frage », éliminant comme une vaine idéologie française la recherche d'une meilleure organisation politique, la poursuite généreuse de la justice et de la liberté dans l'ordre social.

Je ne trouve donc pas la moindre base solide à la

thèse qui prétend trouver un élément quelconque d'inspiration et d'effort démocratique du côté de nos adversaires. Il ne semble d'ailleurs subsister aucun doute à cet égard chez les spectateurs du drame. Tout le monde a remarqué, comme M. Gide, que, dans tous les pays neutres, Espagne, Roumanie, pays scandinaves, ce sont en général les partis avancés ou libéraux qui sont pour les Alliés, c'est le haut clergé, les partis de réaction, la noblesse qui sont germanophiles. Il est même curieux de remarquer qu'il est presque impossible à un représentant de ces derniers partis d'approfondir ses théories politiques sans retomber dans des formules étrangement apparentées à la philosophie politique du germanisme actuel : doctrines de traditionalisme, de fondement tout historique du droit, d'empire presque absolu de la collectivité sur l'individu, de droit mystique des gouvernants. Celui qui au nom de l'histoire ou de la sociologie combat la notion du contrat social comme contraire aux faits, sans s'apercevoir qu'elle ne pose et ne résout qu'une question de droit, ne peut éviter de se rencontrer avec les apologistes de la force et du fait brut. Celui qui au contraire combat les principes politiques de l'Allemagne d'aujourd'hui (1)

---

(1) D'aujourd'hui, disons-nous, car c'est faire bien fausse route que de vouloir faire remonter à Kant, comme on l'a essayé, la responsabilité de ces doctrines. Ce n'est pas aux lecteurs de cette *Revue* qu'il est nécessaire de rappeler combien chez Kant, admirateur de notre Révolution, se sent l'inspiration de Rousseau.

et en prend le contre-pied, ne peut guère manquer
de revenir tout droit aux principes de notre Révolution. Nous avons connu chez nous-mêmes d'amusants
exemples des embarras de conscience où ces affinités
de doctrines plongeaient d'imprudents théoriciens (1).

***

III. — Ainsi la démocratie n'est pas définie par
une situation économique plus ou moins satisfai-
sante des classes populaires (bien que la démocratie
fasse naturellement des efforts dans ce sens), parce
que cette situation peut être obtenue par des méthodes qui ne sont nullement démocratiques. Or la
démocratie est moins une question d'*état* qu'une
question de *méthode*. La démocratie ne se définit
pas non plus par certaines institutions politiques
plus ou moins contingentes qui sont simplement des
moyens que chaque nation, suivant les conditions où
elle se trouve, juge les plus propres à la réaliser. Ces
moyens et ces institutions sont très différents, en
France, en Angleterre, en Suisse, en Amérique. Quand
donc pour prétendre que la guerre présente n'a rien

(1) Pour ne parler que d'un mort, on se rappellera la polémique bien ancienne où Brunetière prétendait — avec une stu-
péfiante absence de critique — s'appuyer sur Kant lui-même
pour faire l'apologie de la guerre considérée comme le « meilleur perfectionnement de la civilisation » et comme « la condition de l'indépendance et de la liberté croissante des masses ».
Temps du 17 mars et du 27 mars 1899.)

à voir avec la démocratie, on ne vise que des détails
de cuisine électorale ou des particularités acciden-
telles du régime parlementaire, on est encore à côté
de la question. La démocratie est un *esprit* qui se
donne comme il peut le corps politique où il croit
pouvoir vivre et se réaliser au mieux. C'est un ensemble de directions morales et politiques dont nous
avons indiqué quelques principes essentiels. On ne
peut mieux les résumer, croyons-nous, qu'en carac-
térisant la démocratie comme l'*état de majorité morale
et politique* des nations devenues conscientes et autonomes. L'adulte, mûr et sain d'esprit, cesse de vivre
sous une tutelle dont rien ne peut lui assurer qu'elle
vaille mieux que sa liberté ; tutelle oppressive ou
paternelle, rarement paternelle d'ailleurs sans être
oppressive, peu importe ; l'heure de l'autonomie
arrive. C'est le régime de minorité morale des nations
qui, à travers l'histoire, semble être en voie de disparaître, comme avec l'âge, et aussi avec le progrès
des législations, il disparaît progressivement pour les
individus : à ce point de vue on ne contestera guère
que les Germano-Turcs vivent encore sous ce régime
de tutelle qui caractérise leurs institutions même
les plus utiles et qui se traduit dans leur intellec-
tualité sans critique, dans leur caractère sans indépendance, dans leur manque général d'autonomie
spirituelle et politique.

A ce point de vue, bien que les conditions de la
vie et de l'action en état de guerre imposent un régime

en opposition avec les formes de la démocratie, on peut espérer que l'effroyable secousse ressentie par tous les peuples, détermine chez eux une maturité de conscience, une intensité de réflexion qui les rapproche de cette majorité morale et politique où ils doivent parvenir tôt ou tard.

Avec cette cause générale doivent coopérer dans le même sens bien des influences plus particulières : rapprochement des classes sociales dans le danger et dans le sacrifice ; égalité et sympathie de gens que la vie normale tenait à distance ou même en défiance les uns à l'égard des autres ; solidarité dans les risques, les pertes, les efforts ; silence imposé aux querelles des partis, effacement des égoïsmes corporatifs ou des hostilités de sectes. La prédominance de l'intérêt vraiment général sur les coalitions d'intérêts particuliers, comme dans la question de l'alcoolisme, une collaboration plus étendue de tous, en dehors de leurs fonctions normales, à des œuvres collectives, la participation plus active des femmes à la vie sociale dans les fonctions d'assistance, dans le travail industriel ou commercial, et accidentellement, jusque dans certaines fonctions publiques, voilà encore une série de causes qui travaillent dans le même sens. Toutes ces causes semblent pouvoir compenser, et au delà, les effets de la « servitude militaire » qui aura momentanément limité la liberté de la critique, le rôle de la discussion et de la délibération. Avec cette guerre de masses, la victoire, surtout aux yeux d'un

pays déjà organisé en démocratie, apparaîtra comme
la victoire de la nation elle-même, non comme celle
d'une caste ou d'une armée professionnelle ; et dans
la lutte même jamais sans doute un peuple ne se sera
senti l'ouvrier de sa destinée comme peut le sentir
aujourd'hui le peuple français. On est aux antipodes
du césarisme et des armées prétoriennes. A des degrés
divers cette prise de possession de soi ne pourra-t-elle
se marquer aussi même chez les peuples qui y sont
les moins préparés ? En tout cas, si les Alliés triomphent, le discrédit du régime autocratique semble
inévitable, s'il est vrai que sa supériorité dans l'œuvre
de la guerre ait été le principal avantage attribuable
à ce régime. Les faits auront alors démenti cette
confiance : le régime de la force est tenu de réussir.

C'est cette même « conscience de soi » des nations
que nous retrouvons sous la forme du principe des
nationalités, et ici, tout le monde est d'accord, parce
que l'évidence est dans les faits, que la cause des
Alliés est celle du droit des peuples, petits ou grands,
à leur existence et à leur liberté, alors que nos ennemis professent et mettent en pratique la thèse de la
conquête, de l'asservissement ou de la disparition
des faibles. Il est donc exact que la théorie des nationalités est homogène à la conception démocratique,
et qu'elle en est en quelque sorte la face externe.
Mais c'est à une condition que l'on perd souvent de
vue : c'est qu'on ne réduise pas l'idée de nationalité, et
celle du droit correspondant, à de simples notions

historiques ou ethnographiques. C'est en se couvrant, avec une sincérité douteuse d'ailleurs, de raisons tirées de l'histoire et de l'ethnologie, que l'Allemagne s'est emparée de l'Alsace-Lorraine contre la volonté expresse de ses habitants, et qu'elle s'emparerait aussi bien, si elle pouvait, de la Hollande, d'une partie de la Suisse ou de certaines provinces russes. Ainsi entendu, un tel principe n'aurait aucune affinité avec un principe démocratique, parce qu'il n'impliquerait aucun fondement moral. Cette affinité n'apparaît que si, sous les similitudes de race ou de langue, nous présumons ou constatons une *volonté actuelle* des populations. C'est cette volonté qui est essentielle; elle est même suffisante, comme le prouve le cas de la Suisse ou celui de la Belgique. Si cet élément moral fonde le droit d'une nationalité, c'est que par là seulement elle devient une personnalité morale (virtuelle ou actuelle) (1). Il est vrai, et c'est là l'obstacle, que l'oppression même empêche la manifestation explicite et régulière de ce vouloir ;

(1) C'est ce qu'on a quelquefois oublié chez nos démocrates anticoloniaux. Il leur est arrivé d'aligner sur le même plan des formules telles que : La Pologne aux Polonais, la Bohême aux Tchèques et... le Maroc aux Marocains ou le Congo aux Congolais. Ils oubliaient que le Maroc et le Congo ne sont que des expressions géographiques sous lesquelles il est impossible de trouver une personnalité collective, une volonté de vie commune. On compromet une bonne cause en l'étendant à tort et à travers. La prétention de l'Allemagne à conquérir et à coloniser la Belgique ou la France sous prétexte de les mieux exploiter, résulte de la même confusion utilisée en sens inverse.

mais il trouve presque toujours néanmoins son expression dans les mouvements de l'âme populaire, incarnée parfois dans une personnalité représentative et elle se révèle aux efforts mêmes que l'oppresseur doit faire pour l'étouffer.

La déclaration constante des Alliés en faveur du principe des nationalités, la spontanéité avec laquelle, de toutes parts, s'est élevé vers, eux dès le début de la guerre, le cri de toutes les nationalités opprimées, les causes mêmes qui l'ont déclanchée (prétention d'anéantir ou d'absorber la Serbie, après la mainmise sur la Bosnie-Herzégovine, violation de la neutralité belge) ne laissent aucun doute sur la signification qu'aurait à cet égard le triomphe de l'un ou de l'autre groupement ; et il est logique que seuls les États qui dans leur vie intérieure répudient la liberté, la répudient également dans les rapports internationaux.

Mais nous pouvons faire un pas de plus. Si les Alliés tendent à rétablir ou à établir dans leurs droits les nationalités, par cela même ils posent le principe d'une garantie collective de ce droit en faveur des petits contre les puissants. Ils tendent à établir entre les États un régime juridique analogue à celui qui existe à l'intérieur des États, un régime contractuel reposant sur le respect mutuel des libertés, avec la sanction qui résulterait de ce que *la force coalisée de tous serait toujours supérieure à la force particulière de chacun.* Ce serait alors comme une *démocratie de nations.* Car au-dessus des nations unies par de tels liens, il n'y aurait aucune souveraineté disposant d'un pouvoir arbitraire. Le seul pouvoir supérieur capable de régir leurs relations serait le pouvoir émanant de leur association même. C'est la définition même d'un État libre, où le seul pouvoir qui domine chaque citoyen est, au fond, la volonté commune qui résulte de leur concert. Au contraire les puissances impérialistes, chez qui théoriquement le souverain est transcendant à la nation, seront portées à étendre ce même système au groupe des peuples, en installant au-dessus d'eux tous l'hégémonie d'un seul. En cela même, remarquons-le, elles se mettent en contradiction avec la thèse suivant laquelle il ne peut rien y avoir au-dessus de l'État ; car elles veulent qu'il y ait *un* État au-dessus des autres. La théorie démocratique, au contraire, admet bien qu'il y ait, humainement et réellement, quelque chose au-dessus de l'État. Mais par cela même, ce quelque chose ne saurait, sans contradiction, être un État particulier. Ce ne peut donc être que le *consensus* des États, leur société librement formée. C'est une république de nations juridiquement égales que veulent et doivent logiquement vouloir les peuples ligués contre l'impérialisme austro-allemand ; ils optent donc en cela, consciemment ou non, pour le principe démocratique.

Mais réciproquement un tel idéal demanderait pour se réaliser pleinement dans le domaine international le règne de la liberté politique à l'intérieur de chaque nation. Rousseau a fortement démontré qu'un État libre n'est vraiment possible qu'avec des citoyens libres, et que l'abdication des uns aboutirait à l'asservissement des autres. Kant a démontré de même qu'un régime de paix internationale, c'est-à-dire en somme un régime juridique, n'était vraiment possible et stable qu'entre des États constitués dans la liberté. C'est la même démonstration à deux niveaux différents.

Nous retrouvons aussi cette solidarité que nous constatons au début entre la notion de Paix et la notion de Démocratie. Seulement il ne s'agit plus de l'*état* de paix dans ses rapports avec la vie intérieure de la nation ; il s'agit du *régime* de paix considéré comme la forme de l'ordre international. Un tel régime se trouve ainsi constituer la fin la plus haute de la pensée et de la volonté démocratiques.

*
* *

Ce qui a manqué, au fond, à la conscience allemande, quelque orgueil qu'elle ait conçu de son indéniable puissance d'organisation, *c'est l'idée même de société*. La force de l'idée de démocratie, c'est qu'au fond elle n'est pas la formule d'une espèce de gouvernement ou d'un mécanisme politique particulier, ni celle d'une méthode plus ou moins efficace pour assurer le bien-être des foules ; elle résulte en réalité

de l'analyse de l'idée morale même d'une société (1).
Qu'il s'agisse du rapport des individus ou du rapport
des nations, le régime de la force laisse en réalité
extérieurs les uns aux autres les éléments du groupe,
et n'*associe* pas réellement les volontés. A moins
que la force ne soit précisément l'organe d'un droit
contractuel, elle sépare plus qu'elle n'unit ; elle nous
replace dans « l'état de nature » que Kant, après
Rousseau, opposait à un système vraiment humain
de relations. La chose est évidente et communément
admise quand il s'agit de la situation de l'individu
dans l'État. Quelque théorie qu'on en donne, aucun
État civilisé n'admettra que la force égoïste d'un
individu l'emporte sur la *loi* et le *droit*, destinés
précisément à protéger le faible contre le fort et
le juste contre le violent ; car c'est ce qui constituerait
le *crime*.

Mais, pense l'Allemagne actuelle, c'est qu'il y a
précisément un pouvoir, l'État, au-dessus des individus, tandis qu'il n'y a aucun pouvoir au-dessus de
l'État. Pour l'État il n'y a donc plus de loi ; et l'État
ne peut commettre de crime. Mais parler ainsi c'est
encore se borner à constater un *fait*. Dès qu'on essaye
de *comprendre* ce fait, la thèse s'évanouit. Est-ce en
effet simplement un fait que l'État (ou plus exactement la société) domine les individus, et qu'il intervient pour arbitrer leurs différends ou pour punir

---

(1) Voir nos *Études de morale positive*, en particulier p. 186 et
suiv., pp. 511 et 523 (1re édition).

le crime ? Il faudrait considérer comment ce fait
s'est établi et se maintient ; on ne répondrait vraiment à cette question qu'en découvrant dans cette
organisation du droit, une *finalité* qui en détermine
l'apparition, le maintien et l'évolution. C'est que,
dans l'Etat, le règne du droit est la condition du développement efficace et positif des activités humaines,
et les met à même de coopérer au lieu de s'entre-
détruire dans un universel conflit ; c'est que le régime
du droit, en assurant la sécurité et la liberté de tous,
fait que l'activité de chacun profite à l'ensemble.
Ce n'est donc pas, au fond, une force transcendante
à la collectivité qui établit ainsi la paix et sanctionne
la loi, c'est en réalité la force collective qui intervient
pour protéger chacun ; c'est la coalition des honnêtes gens, la volonté commune, qui réprime les
puissances de désordre. Les rapports internationaux
peuvent être considérés sous le même angle, et la
même finalité peut y faire surgir le même régime.
C'est un fait, sans doute, qu'il n'y a actuellement
rien au-dessus des États, rien, si l'on veut faire
abstraction des idées, de la conscience morale à laquelle participe une portion de l'humanité ; rien du
moins en fait d'institutions réalisées, disposant d'un
pouvoir de contraindre et de sanctionner. Mais il y
a eu aussi un moment où il n'y avait rien pour empêcher le crime, rien du moins de comparable à nos
institutions juridiques actuelles. La seule différence
entre le droit *intra*-national et le droit *inter*-national

est donc une différence de temps : nous venons *après* le premier et *avant* le second. Mais qu'importe ? *Même quand le droit est devenu un fait, ce n'est encore pas parce qu'il est un fait qu'il est un droit.* Il est un droit par sa finalité, par ce qu'il exprime de salutaire et de désirable, et non pas parce qu'il *existe*. La seule question est donc de savoir s'il est désirable aussi qu'existe une coalition contre les États-brigands.

Et la solution du problème est plus certaine encore dans ce cas que dans le cas des relations individuelles. Car si la loi protège le faible, c'est avant tout parce que la « force » n'est pas l'unique mesure de la « valeur » et que le « faible » n'est pas nécessairement « inférieur » à tous points de vue, notamment par les qualités qui font la valeur sociale. Mais cela est encore plus évident des États que des individus. En quoi la Belgique ou la Bohême sont-elles « inférieures », sous tous les rapports qui intéressent le progrès humain, à l'Allemagne ou à l'Autriche ? En quoi l'homme et les forces humaines qui éclosent dans ces milieux restreints seraient-ils de moindre qualité ? Le droit des petites nations, si bien défendu par Nansen, ne saurait donc succomber aux sophismes des apologistes de la Force, même s'il est victime de la Force.

Ainsi l'Allemagne et l'Autriche ne luttent que pour elles-mêmes. Les Alliés luttent pour tous. Si la foule des petites nations, qui n'ont pas l'air de s'en douter, partageaient cette conviction et la traduisaient en actes, ne fût-ce qu'en prenant parti *moralement*, l'issue de ce grand débat ne serait guère douteuse. Le Droit, c'est-à-dire le seul intérêt vraiment général, serait plus certain de triompher, non seulement à cause de la force nouvelle apportée à l'Alliance, mais aussi parce que serait accrue la certitude que sa victoire ne déviera pas des fins libératrices pour lesquelles nous combattons. C'est l'Europe elle-même, plus que jamais, qui tient son sort entre ses mains, et jamais plus nette alternative ne s'est proposée à elle. Contre la certitude d'être écrasée, l'héroïque Belgique a su choisir. Que peuvent coûter d'autres décisions auprès de celle-là ? C'est de cette libre option de peuples libres que dépend le salut de tous, et non de je ne sais quelle fatalité. Ici comme ailleurs, c'est la liberté qui pourra seule engendrer la liberté.

III

LA FORCE DU DROIT [1]

On peut penser que tout a été dit sur les rapports de la Force et du Droit et il semble téméraire d'aborder de nouveau ce sujet, en particulier après les deux importantes études de MM. Ruyssen et Parodi (2). On nous excusera d'essayer d'y ajouter pourtant en nous demandant où réside, au plus profond, la force de l'idée du Droit.

Il est aisé, il est vrai, quoique toujours utile, de montrer les contradictions où s'engagent les apologistes de la violence : ils sont obligés de s'appuyer sur le droit et sur les traités quand ils y voient leur avantage, et de leur donner crédit au moment même où par un autre côté ils les ruinent ; ils sont amenés d'autre part, à se justifier, à plaider au moins les

(1) *Revue de métaphysique et de morale*, novembre 1916.
(2) *Revue de métaphysique et de morale*, novembre 1915 et janvier 1916.

circonstances atténuantes auprès de tous ceux qui respectent encore le droit et comptent sur sa protection, c'est-à-dire, malgré tout, de la majorité. C'est, en effet, une faiblesse de la force brute d'être pratiquement réduite à s'incliner devant le principe qu'elle prétend ignorer. Mais encore faut-il bien voir que cette attitude inconsistante est plutôt un signe qu'une cause de faiblesse. En réalité une force qui se sentirait parfaitement sûre de triompher n'aurait pas, à son point de vue, besoin de se justifier. C'est ce que Maximilien Harden, avec l'audacieuse logique qui le caractérise, n'hésitait pas à proclamer (1) à l'époque où l'Allemagne croyait déjà la partie gagnée. Si la force crée le droit, comment aurait-elle à tenir compte d'une loi préexistante ? Encore tout récemment le professeur baron Stengel affirmait la même thèse d'une autre manière, en déclarant que le triomphe de l'Allemagne dispenserait de toute loi internationale : la volonté allemande, en vertu de son essence supérieure seule, serait l'expression même de la justice (2). En ce peuple élu, comme dans le Dieu de Spinoza, la Nature, la Volonté et la Raison se confondent. Ainsi une force assez forte laisserait de côté tout plaidoyer ; et nous avons malheureusement, dans le passé et dans le présent, assez d'exemples de la lâcheté

(1) Voir le texte dans *Paroles allemandes*, p. 67 (Berger-Levrault, édit.)

(2) *Gazette de Francfort*, citée dans *la Paix par le Droit*, septembre 1916, p. 414.

humaine pour douter qu'une force vraiment irrésis-
tible saurait, après avoir vaincu les résistances,
faire taire aussi les protestations. Si, en fait, elle n'y
arrive jamais complètement, c'est précisément parce
qu'on peut toujours espérer l'intervention d'une
force contraire ou l'affaiblissement du vainqueur,
Mais en le constatant, on a simplement établi que
le triomphe de la force est toujours précaire ; et elle
ne l'ignore pas ; mais elle a ses raisons de penser que
celui du Droit ne l'est pas moins ; et l'on n'a encore
pas détruit en elle-même la thèse de la Force.

On peut dire encore que si la Force allemande,
et toute force guerrière en général, contient en elle-
même certains éléments moraux, comme ses apologistes ne manquent pas de le montrer, la « faiblesse »
de ceux qui, même sans succès, combattent pour le
droit, en contient aussi, et qui sont peut-être d'une
qualité supérieure. Mais il reste à préciser en quoi
consiste cette qualité, et l'on risque de commettre
une pétition de principes si on la définit précisément
par le respect du droit, par l'assentiment que d'autres
« faibles » donneront à ces faibles, Cette coalition des
faibles n'est-elle pas ce que le nietzschéisme fait profession de mépriser ?

Dira-t-on que cette « qualité » réside dans l'universalité du Droit, parce que celui qui travaille pour
la Justice travaille pour tous, et même pour les
injustes, tandis que les violents ne travaillent que
pour eux-mêmes, et quelquefois, au bout du compte,

contre eux-mêmes ? Vue exacte, et surtout très persuasive, en effet, puisqu'elle tend à amener des défenseurs à la cause de la justice et par conséquent à la rendre plus forte. L'argument est d'un bon pragmatisme ; argument pourtant extérieur encore ; car s'il met en lumière un avantage très réel de la cause du droit, et la bonne posture où elle se trouve, il n'en montre pas directement la vérité, la valeur intrinsèques. L'universalité est un caractère plus quantitatif que qualitatif ; le mépris nietzschéen ou évolutionniste pour les « faibles » n'est pas atteint par une telle considération. L'Allemagne pourra encore répondre et répond, en effet, par la bouche de ses plus grandiloquents porte-parole, qu'elle nous ferait en nous croquant beaucoup d'honneur, que son triomphe serait le triomphe d'une humanité supérieure et que c'est notre médiocrité même qui nous empêche de comprendre le bienfait que serait notre assimilation à sa substance.

Ainsi les défenseurs de la Force et ceux du Droit semblent pouvoir rester longtemps en face de l'un l'autre sans trouver le moyen de se persuader ni de se comprendre, parce qu'ils sont placés sur des terrains très différents, et que leurs pensées ne communiquent pas entre elles. Du moins théoriquement il en est peut-être ainsi ; car en fait il est impossible de supposer les apologistes même les plus outrés de la force aussi étrangers qu'ils veulent le paraître à la notion du juste, puisque malgré tout ils appartiennent à une nation où il y a des lois et du droit, à une civilisation qui ne s'est élevée au niveau présent que par les progrès accomplis sur ce terrain ; il y a dans l'attitude qu'ils prennent, avec du cynisme et de l'orgueil, une part certaine d'hypocrisie à l'envers, une pose en partie conventionnelle où l'on reconnaîtra autant d'*idola theatri* que d'*idola tribus*.

* *
*

Ne pourrait-on cependant essayer de découvrir le vice interne de la thèse de la Force, l'obstacle essentiel où elle se heurte, et déterminer ainsi ce qui fait la faiblesse de la Force et la force du Droit ? Il ne s'agit pas bien entendu de convaincre un adversaire qui, en vertu de la position même qu'il a prise, ne peut céder qu'à la force. Étant donnée l'attitude qu'il affecte, il ne mérite pour le moment que des coups et non des raisons. Mais il est au contraire de l'essence de notre cause que nous tâchions d'en mieux définir la valeur.

Si les Allemands, par une étrange combinaison des contraires, ont attaché une sorte de mystique au culte matérialiste de la Force, il convient au contraire que nous cherchions à projeter le plus de lumière sur les idées que nous défendons, et à les traduire en termes positifs. C'est ainsi que nous ne pouvons plus nous contenter, en faveur du droit, du prestige de la « forme » universelle, qui paraissait

suffire autrefois à le justifier ; il nous faut mettre
sous cette forme, comme nous l'indiquions tout à
l'heure, les réalités concrètes auxquelles elle corres-
pond et qu'elle exprime abstraitement. Il y aurait
un véritable mysticisme intellectuel à s'en tenir à
cette abstraction, car le mystique, c'est en bonne
partie du moins, l'inexplicite ou même parfois, comme
la pensée primitive le montre bien, le verbal. On
ferait des remarques analogues sur l'égalité. Il est
vrai qu' « il répugne à l'esprit qu'il y ait deux poids
et deux mesures » et que « le Droit tend à s'unifier (1)».
Mais ici encore, il ne s'agit ni d'une simple vue de
l'esprit, ni même d'une tendance instinctive, quoiqu'il y ait déjà dans ces faits psychologiques une
force très réelle. Il y a aussi tout un ensemble de
relations sociales qui, tout en déterminant les formes
de cette homogénéité et de cette égalité, impossibles
à définir *a priori*, en imposent aussi la réalisation
progressive en vertu des exigences pratiques que
ces formes résument.

Mais inversement et par cela même que nous voulons user de cette méthode, nous ne devons pas non
plus trop facilement renoncer, comme on le fait
parfois aujourd'hui, à certaines idées qui passent
pour surannées, et auxquelles on ne peut reprocher
que d'avoir, sous leur forme initiale, exprimé imparfaitement des intuitions, des synthèses encore

(1) Parodi, *l. c.*, p. 288.

confuses, mais riches de contenu réel. Comme le mystique n'est souvent que le manque de pensée dissimulé par les mots, le métaphysique n'est souvent que l'insuffisante expression de la réalité. La plupart des idées qui ont reçu le plus solide et le plus précieux développement scientifique ont eu de tels commencements, et ce n'est pas une raison pour les rejeter comme « métaphysiques ». Il faut que l'esprit « positif » le soit assez pour comprendre que de telles intuitions ne sauraient être vides ni arbitraires et qu'il s'agit seulement de les interpréter en fonction d'une réalité mieux analysée. Le seul moyen d'avoir raison de leur caractère « métaphysique » sans perdre le bénéfice de leur contenu, est de les résoudre aussi dans leurs éléments distincts et définissables. C'est bien le cas de l'idée du droit et plus précisément de l'idée si décriée du Droit naturel. M. Parodi l'a bien senti (*l. c.*, p. 282). On l'a, depuis un demi-siècle, d'une manière aussi imprudente que peu clairvoyante, sacrifiée au nom de l'histoire ou de la sociologie comme une billevesée d'un autre âge. Il était pourtant manifeste qu'elle traduisait, en termes peut-être discutables, une intuition morale et politique de mieux en mieux justifiée par l'évolution de la conscience et de la société, et qu'au lieu de la discréditer par une critique aussi âpre que superficielle, il fallait seulement lui faire subir une transposition. La traduction ici n'était pas une trahison.

**

C'est sur un point particulier d'une analyse de ce genre que nous voudrions appeler l'attention en ce qui concerne l'idée du Droit et son application aux sociétés ; ce point ne nous paraît pas avoir été mis en suffisante lumière.

Le texte bien connu de Pascal peut nous servir de point de départ. De ce passage fameux sur la justice et la force nous ne reproduirons ici que ces quelques lignes : « La justice est sujette à dispute, la force est très reconnaissable, et sans dispute. Ainsi on n'a pu donner la force à la justice parce que la force a contredit la justice et a dit que c'était elle qui était juste. Et ainsi, ne pouvant faire que ce qui est juste fût fort, on a fait que ce qui est fort fût juste (1). »

Ici, comme il arrive souvent, on peut, sous une apparente évidence, sous une formule qui pourrait être un véritable truisme, trouver une assertion plus que paradoxale.

Au premier abord, Pascal semble constater un simple fait en disant : la force est reconnaissable, et sans dispute. Elle se traduit, en effet, par un fait matériel, le succès, la victoire. On peut disputer de la *valeur* du fait, parce qu'on le juge alors selon l'*idée* qu'on se fait du désirable, du juste. Mais le fait

____

1. *Pensées*, éd. Brunschvicg, § 298, p. 470.

subsiste. Le triomphe, la domination sont des *faits* que ne détruisent pas, comme tels, la malédiction des vaincus ni la sentence des juges. *La doctrine de la Force est de l'espèce empirique.*

Mais si l'empirisme pur ne suffit pas à la science, même la moins spéculative, il ne suffit peut-être pas non plus à la pratique, même la moins ambitieuse d'être « rationnelle ». Il n'y aurait pas de science si l'esprit se contentait rigoureusement de ce qui est *donné* et s'il n'atteignait quelque généralité qui lui donne prise sur le non-donné, en particulier sur l'avenir. On ne pourrait appeler science une opération consistant à raconter des événements accomplis, et réduite à attendre, passive et indifférente, ce qui arrivera. La pratique, l'action impliquent plus évidemment encore la prévision. Elles ne peuvent donc, en toute rigueur, s'accommoder d'un pur empirisme.

Mais alors l'affirmation si spécieuse de Pascal, que la force est incontestable, reconnaissable et sans dispute, recouvre une thèse tout à fait téméraire et même insoutenable. En effet, ce n'est nullement, dans le domaine du moins de l'action humaine, la force *en elle-même* qui est reconnaissable ; ce sont seulement ses effets ou plutôt certains de ses effets. Quand elle a triomphé, mais alors seulement, on peut dire que, du moins sur un point, elle *a été* la plus forte. Mais pouvait-on affirmer d'avance qu'elle le serait, et en ce sens était-elle vraiment reconnaissable, c'est-à-dire en somme mesurable *comme force* ?

Personne ne s'avisera de le prétendre. Quand il s'agit du monde mécanique, l'appréciation des forces en jeu et la prévision précise de leurs effets est en général à notre portée. Il en est de même encore, quoique avec plus de réserves, quand il s'agit du domaine de forces physiques, déjà plus obscures : nous savons ce que sera le courant engendré par une dynamo dans des conditions définies, et quels effets on peut en attendre. Quand il s'agit de l'action humaine, et en particulier des grandes actions collectives, qui sont ici en question, il n'y a au contraire rien de plus précaire que l'évaluation des forces données et la prévision de leurs résultantes. Par leur complexité, leur enchevêtrement, leur réaction les unes sur les autres et celle même des effets sur leurs causes, ces forces défient l'analyse ; et par leur nature elles échappent au nombre. Quarante ans de préparation militaire, l'accroissement inouï et précipité des dépenses de guerre, l'entassement de moyens matériels écrasants et nouveaux, leur accumulation sur un seul point, choisi par trahison et par surprise, pouvaient faire considérer l'Allemagne comme infiniment plus forte que l'ennemi qu'elle visait seul à la première heure. Cette force colossale est venue pourtant échouer sur la Marne, et les prévisions les plus plausibles des intéressés et des spectateurs neutres ont reçu le plus extraordinaire démenti. La force est donc toujours « sujette à dispute » ; elle est contestable jusqu'à son triomphe. Que dis-je ? elle l'est même après. Car aucune date ne peut marquer un arrêt du temps, qui fixe définitivement la victoire ; et celle-ci n'est jamais non plus une victoire totale, mais seulement un avantage d'une espèce et d'une étendue limitées. Tandis que dans l'ordre physique nous pouvons pratiquement, malgré l'indéfini de l'espace et du temps, circonscrire les forces que nous mettons en jeu, dans l'ordre des événements histori-ques nous sommes obligés d'en considérer le domaine comme toujours ouvert par tous les côtés, et le succès de la force ne peut s'enfermer dans un infranchissable mur d'airain. Il faut qu'il continue à s'affirmer sans cesse, en chaque instant et sur chaque point. Le triomphe de l'Allemagne en 1871 était, militairement, aussi complet qu'on peut l'imaginer. Cependant quarante ans d'efforts et d'oppression n'ont pu avoir raison de l'Alsace-Lorraine, dont la résistance toute morale a eu d'incalculables conséquences. Napoléon, installé au Kremlin, était perdu. Il disposa du trône de Madrid, et jamais il ne réduisit l'Espagne. Si dans l'histoire du passé, il nous est impossible d'estimer les forces en présence autrement que par les résultats, comment, dans l'histoire qui se fait, déterminer la valeur des causes pour prévoir les effets ?

Si d'ailleurs les forces de cette sorte pouvaient se mesurer d'avance, la lutte même serait un non-sens ; un simple calcul la remplacerait à l'avantage de tous. La résistance réelle serait absurde de la part de celui qui serait vaincu sur le papier, autant qu'il le serait à un poids de cinquante kilos de vouloir enlever dans la balance un poids de cent ; aussi les poids ne pensent-ils et ne sentent-ils pas. Cette idée s'est, en effet, plus d'une fois fait jour dans les paroles et dans les actes de l'Allemagne de 1914, que la résistance du faible est déraisonnable. Intellectuellement elle est absurde, puisqu'il ne *peut* résister ; mais dès lors il ne le *doit* pas non plus (1), et comme à son matérialisme l'Allemand combine son mysticisme, la résistance à *sa* force devient criminelle. Il prétend non seulement la *vaincre*, mais la *punir*. Une pareille thèse apparaît comme insensée non seulement à la lumière de la raison et de la conscience, mais à celle de l'expérience. La force est toujours obligée de faire sa preuve dans la lutte, parce qu'elle est, plus encore que la justice, toujours contestée et douteuse. Et quant à prétendre à sa supériorité quantitative superposer une supériorité qualitative, non seulement c'est changer totalement d'attitude et se placer sur le terrain même de l'adversaire, mais c'est plus que jamais s'exposer à la « dispute » et à la critique.

Il n'y aura donc guère, *avant* l'épreuve, même limitée, du succès, qu'une *opinion* sur la force et non une véritable *connaissance* de la force ; du terrain

(1) Dans les âges ou les milieux dont la pensée a été surtout religieuse, empirique et conservatrice, l'*impossible*, ou ce qui passait pour tel, passait volontiers aussi pour *défendu* ; on ne devait pas même essayer de surmonter l'obstacle.

de la réalité matérielle on passe sur celui de la psychologie. C'est d'ailleurs ce que Pascal a bien senti en montrant que les *signes* de la force tendent à se substituer à la manifestation de la force (1). Et c'est pourquoi aussi les Allemands n'ont cessé d'ajouter à l'usage de la force la propagande, le bluff et le mensonge, et ont essayé d'opérer par chantage avant de risquer l'aventure d'une agression violente. Mais si maintenant on substitue à la force réelle et à ses effets éprouvés, l'opinion et la convention, en quoi la justice est-elle plus sujette à dispute que la force ? Si le matérialisme politique et social tient la justice en mépris parce qu'elle n'est qu'une idée, que gagne-t-on à lui substituer une autre idée, mille fois plus incertaine, une croyance arbitraire et superficielle ?

Aussi, loin que la force soit « reconnaissable, et sans dispute », elle est, au seul point de vue qui importerait à l'action ou à la pensée, c'est-à-dire au point de vue d'une prévision, d'une estimation *préalable*, ce qu'il y a de plus incertain et de moins « reconnaissable ». La doctrine de la force, malgré ses prétentions scientifiques, est donc profondément irrationnelle, non peut-être *in abstracto*, mais pratiquement et humainement. Elle l'est pour l'esprit, et au sens précis du mot, en dehors de toute répulsion sentimentale.

(1) *Pensées, ibid.*, § 315. Cf. Boutroux, *Pascal*, p. 170.

Et la justice, cette justice sujette à dispute, en quelle situation se trouve-t-elle au même point de vue ?

Pascal en parle à la fois en dogmatique et en sceptique. Il en parle dogmatiquement, car la justice dont il rêve, *veri juris effigies*, il la conçoit à la façon d'une idée platonicienne, comme prédéterminée, préexistante, universelle, indépendante des réalités données dans l'expérience (« Plaisante justice qu'une rivière borne »). Cette justice serait moins à instituer qu'à découvrir, et l'imbécillité de la raison humaine, vide de « principes », y serait impuissante. A qui aurait des lumières divines, elle serait évidente, mais elle reste cachée à nos yeux corrompus. C'est pourquoi le peuple a raison de croire à la justice, mais il a tort de croire qu'il la connaît, et même qu'il peut la trouver. L'affirmation de la justice demeure pour l'homme une affirmation purement formelle et sans contenu, une aspiration sans direction définissable. Tout ce que nous prétendons placer sous le nom vénéré de la justice n'en sera qu'une ombre et un vain simulacre.

C'est pourquoi Pascal parle aussi de la justice en sceptique ; car il croit non seulement impuissant, mais dangereux tout effort vers la justice ; un tel effort ne peut que susciter les dissensions et les révolutions (1) (§§ 325-326). Il faut donc que le

(1) Ici encore l'empirisme conservateur et mystique arrive donc à confondre l'impossible et le défendu.

peuple obéisse aux lois parce qu'elles sont lois, tout en imaginant qu'il y obéit parce qu'elles sont justes ; il faut « piper » les hommes et leur cacher le commencement de l'usurpation si l'on ne veut qu'elle prenne bientôt fin (§ 294). Ainsi l'homme, vénérant malgré tout la justice, mais incapable de mettre sous son nom rien qui en soit digne, en est réduit à décider par décret ce qu'il appellera juste ; et il est naturel dès lors, et avantageux, de faire que ce qui est fort soit réputé juste (§ 298). Ce sont donc des motifs extrinsèques, qui, faute de raisons internes, détermineront l'usage du mot « juste ».

Mais la justice ne peut pas plus se décréter arbitrairement que la vérité, et le moindre soupçon que l'une ou l'autre soient ainsi décrétée en détruirait complètement l'idée ; Pascal s'en aperçoit fort bien d'ailleurs. L'homme ne peut se donner consciemment cette satisfaction pharisaïque de décorer du nom de juste ce qui est étranger ou même contraire à la justice. Comment d'ailleurs, en dehors d'une théorie mystique de la connaissance, comprendre que la notion de la justice soit présente dans l'esprit comme une forme vide sans que l'expérience lui ait donné aucun contenu ?

C'est que la justice ni ne s'impose du dehors comme une révélation transcendante, ni ne se décrète comme un nom indifférent ; conceptions extrêmes qui se rejoignent d'ailleurs en fait, puisque l'une et l'autre font table rase du jugement de l'homme et de sa liberté critique comme de son autonomie pratique. La justice se fait, elle se dégage suivant certaines fins conscientes de l'homme individuel ou social, mises en contact avec les conditions données de leur réalisation. Elle est, plus particulièrement, la formule de l'organisation des vouloirs humains et trouve peut-être son expression la plus complète dans le contrat, dès que du moins, par hypothèse, le contrat embrasse vraiment tous les intéressés et n'entraîne pas sur des tiers de répercussions non acceptées. Dans le contrat le fait et l'idée se rejoignent et la justice cesse d'être « sujette à dispute », puisqu'elle est précisément le produit de l'entente. Le traité qui garantissait la neutralité belge était un fait, et ce fait était l'expression d'un vouloir. Ce fait était plus certain que ne pouvaient l'être l'évaluation de la force allemande et la prévision de son triomphe. Ainsi en un sens, qui est précisément celui qui importe à l'organisation de l'action humaine et à la prévision, la Justice est plus « reconnaissable » que la Force.

Ce sont là des vérités très simples et qui se présentent, remarquons-le bien, comme des constatations positives tout à fait indépendantes des spéculations auxquelles on pourrait se livrer sur la valeur de la Force ou sur le fondement de la Justice. Mais si simples qu'elles soient, elles comportent une conséquence dont on ne paraît pas avoir généralement senti la portée pratique.

Quelle qu'ait été la manière dont le droit s'est pratiquement déterminé dans les diverses sociétés et à travers les âges, et quelle qu'ait été la forme de cette détermination, que le droit ait été coutumier ou codifié, traditionnel ou délibéré, statutaire ou contractuel, hiérarchique ou égalitaire, favorable à l'autorité ou à la liberté, qu'il ait été enfin plus juste ou plus injuste au point de vue de notre conscience présente, ce qui le définit en lui-même, c'est toujours sa *fonction*. C'est cette fonction qui le rend homogène à lui-même à travers tant de variations dans sa forme, tant de diversités dans son contenu, qui scandalisaient le dogmatisme de Pascal et provoquaient son scepticisme.

Or cette fonction, quelle est-elle ? C'est essentiellement de définir un ordre stable dans la collectivité, d'y déterminer un système organisé de rapports. Mais comme il ne s'agit évidemment pas d'un ordre purement statique, l'intérêt d'un tel ordre est essentiellement de permettre de déterminer les directions où l'activité ne rencontrera pas de résistances sociales ; il permet de prévoir l'action possible et les réactions probables. La possibilité de la prévision sociale, voilà donc la vertu pratique essentielle du droit en général, non pas seulement du droit que nous cherchons à établir et qui tend vers un maximum de liberté et d'égalité, mais *de tout droit en tant qu'il*

*s'oppose simplement à l'arbitraire pur, et par consé-
quent à la violence et au bon plaisir des plus forts,
comme à la ruse et au mensonge des plus faibles.* Pourquoi notre droit tend à être libéral et égalitaire, ce
n'est pas ici la question, bien que nous espérions le
faire entrevoir à la fin de cette étude ; mais ce n'est
là que la forme particulière proposée ou imposée à
une fonction beaucoup plus fondamentale et beaucoup plus générale par la nature ou le niveau propres
de notre civilisation. Nous ne devons, sous peine de
pétition de principes, partir que de ce qui est commun et incontestable, et n'implique encore aucun
choix entre des tendances opposées. A cette condition seulement l'on peut espérer une preuve valable.

Mais ce point de départ admis semble suffire à
rendre compte de ce qui fait la force du droit et la
faiblesse de la force brute. C'est que tout le « vouloir
vivre en société », qui semble être la finalité immanente de l'espèce humaine et le ressort de son évolution (1) converge vers l'établissement et le maintien
de cette règle, tandis que la thèse opposée ne va à
rien moins qu'à la dissolution même de tous les rapports sociaux. Alléguera-t-on encore une fois qu'il
y a une différence capitale entre les rapports *inter*-
nationaux et les rapports *intra*-nationaux, et que les
premiers sont hors de la sphère du droit et soumis
au seul contrôle de la force ? Mais nous avons déjà

(1) Voir nos *Études de morale positive*, p. 179 et suiv. et p. 505.

fait voir ailleurs qu'il n'y a là qu'un fait brut, une différence de phase dans l'évolution, et que les mêmes raisons qui ont fait surgir le droit à l'intérieur des sociétés doivent le faire apparaître aussi dans les relations entre les sociétés. On pourrait aisément démontrer aussi que tout ce qui compromet le droit international compromet également, de proche en proche, le droit intérieur des sociétés (puissent les belligérants actuels n'en pas faire une trop cruelle expérience !) et qu'inversement le droit établi à l'intérieur des groupes s'irradie nécessairement au dehors (1). Sans entreprendre ici une telle démonstration, qui serait fort longue, on en découvre, au point de vue où nous sommes placé, un élément primordial : c'est que le besoin de prévision s'impose aussi bien aux relations internationales qu'aux relations interindividuelles dans chaque société et cela d'une manière absolument solidaire. Car l'incertitude qui planerait sur les premières s'étendrait inévitablement aux autres dans une civilisation où tous les peuples sont enveloppés et reliés par un réseau de communications et d'échanges si complexes. Il y a une véritable contradiction entre la prétention affichée par l'Allemagne de savoir organiser la « matière humaine »,

(1) On lira utilement sur ce point le livre de G. Richard, *le Conflit de l'Autonomie nationale et de l'Impérialisme*, ch. ii. Il est intéressant de voir que l'auteur peut invoquer ici un témoignage allemand, celui de Staudiger. *Ethik und Politik.* Cf. notre article sur *la Démocratie et la Guerre.*

et la négation qu'elle professe à l'égard de tout droit international.

Quelles sont, en effet, les conditions dans lesquelles la prévision sociale est possible ? Elles sont tout autres que lorsqu'il s'agit de la nature physique et en partie même opposées.

Dans le domaine de la nature extérieure et surtout dans celui du monde inanimé, c'est le régime de la causalité, et si possible du mécanisme, le règne de la loi nécessaire, qui permet la prévision et favorise par conséquent notre action sur cette partie de la réalité. Les fins sont posées par nos besoins et nos aspirations. La nature y reste indifférente ; nous ne lui demandons par conséquent que de nous assurer, par la régularité de ses lois, l'efficacité de nos moyens. Plus « providentielle », elle nous laisserait moins libres ; car elle ne nous semblerait bonne que si elle nous consultait, et c'est peut-être alors qu'elle nous serait le plus dangereuse. Sans prétendre se hausser à la métaphysique, La Fontaine l'a fait plaisamment sentir. C'est donc dans son déterminisme causal que la nature nous est le plus favorable, et quelles qu'aient été les doléances des poètes, c'est parce qu'elle nous est étrangère, parce qu'elle est « l'impassible théâtre que ne peut remuer le pied de ses acteurs », qu'ils peuvent s'y mouvoir avec sûreté (1).

(1) Sûreté pratique et sûreté morale à la fois, car dans une nature humanisée, quelle est l'action qui ne risquerait pas d'être un crime ?

Mais tout change dès que nous considérons l'ordre humain lui-même, encastré dans cette nature. Ici l'ordre de la causalité, quoi qu'en ait pensé Comte, ne nous donne plus les mêmes garanties. Ce n'est pas seulement parce que les lois et les causes sont ici obscures, complexes, enchevêtrées, que notre prévision est mise en échec. Il y a une raison plus profonde, qui infirmerait toute prétention a traiter la sociologie absolument et dans toute son étendue, comme une *physique*, avec l'espoir d'y appuyer une sorte d'industrie de la matière humaine, du *Menschenmaterial*, comme disent volontiers les Allemands. Oui, sans doute, on peut dans certaine mesure parler, comme on l'a fait, d' « ingénieurs sociaux ». Mais enfin, dans cet ordre, le déterminisme n'est pas en dehors de l'activité qui l'utilise, ni les moyens indépendants des fins et indifférents à l'usage qu'on en veut faire. L'homme devenu ingénieur social n'est plus par cela même une simple machine. Une physique sociale définitive et totale n'est pas seulement un espoir bien lointain ; elle serait une véritable contradiction parce qu'une fois *pensée* la réalité sociale est par là même modifiée. La connaissance même des effets transforme les données et les causes. Sans doute une telle physique reste relativement et partiellement possible, dans la mesure même où l'homme reste nature, inconscience, mécanisme dépendant de *causes données* qui agissent *a tergo*. C'est dans ce domaine et dans cette mesure que la sociologie ainsi entendue réussit ou peut réussir. Ses prétentions se justifient d'autant mieux, par exemple, qu'elle prend pour matière une humanité plus primitive, plus irréfléchie, plus incapable d'interpréter les conditions de son action, de s'en distinguer, d'y insérer sa finalité propre.

Dès lors comment va-t-on retrouver, en dehors de la vie en quelque sorte physique de la société, où l'action causale conserve un rôle notable, l'espèce de déterminisme qui est nécessaire à l'action et lui donne prise sur l'avenir ? Il ne s'offre, à l'extrême opposite de la causalité mécanique, que la ressource de compter sur la constance d'une volonté réfléchie, engagée par ses propres décisions vis-à-vis d'elle-même comme vis-à-vis des autres. Car il y a homogénéité entre le contrat avec autrui et le contrat avec soi-même et ils sont rigoureusement solidaires. Ainsi la prévision se retrouvera par la liberté et c'est pourquoi le devoir social le plus profond est de créer des volontés fermes et constantes.

La prévision sociale ne peut donc reposer que sur deux principes opposés qui marquent les deux limites extrêmes de la nature humaine : on la trouve ou bien dans l'inconscience et l'automatisme sous la forme mécanique, sous un *régime de causalité* ; ou bien dans la liberté et la réflexion sous la forme morale, sous un *régime de finalité*. Dans l'intervalle, puisque ces limites sont schématiques, toutes les combinaisons et tous les compromis se rencontrent.

***

Mais voici que la Politique peut se livrer à cette singulière entreprise, de vouloir réaliser, ou du moins imiter artificiellement, dans des sociétés à certains égards très avancées et très éclairées, le régime de la causalité mécanique, alors que normalement et par nature il ne peut être qu'un produit spontané, qui caractérise les sociétés primitives.

On s'efforcera alors d'installer un despotisme hiérarchique où toute autorité est concentrée dans la main de chefs échappant à tout contrôle efficace, à toute responsabilité réelle. Ils sont censés résumer en eux toute la conscience et toute la finalité sociales ; mais vis-à-vis des sujets ils ne sont qu'une force qui contraint. On établira chez ceux-ci une discipline mécanique ; on fera disparaître autant que possible toute liberté de discussion et même on travaillera à l'abolition de toute faculté critique.

La norme d'un tel régime ce sera un conservatisme et un traditionalisme poussés à leur extrême limite. Car c'est par la continuité et la conservation que les sociétés imitent le monde matériel. Là où ils existent spontanément, en effet, cette continuité et cet automatisme sont le fait de la réalité physique à laquelle l'existence humaine est liée. Le passé domine ainsi le présent, ce qui est le propre du régime de la causalité. Le principe de conservation est çaractéristique de la matière brute et de la mécanique pure, et la politique conservatrice pourrait très exactement être appelée une politique matérialiste. L'Allemagne n'est pas le seul pays où l'on méconnaisse cette vérité. Mais enfin il est prodigieux que l'Allemagne, par la bouche de certains de ses apologistes, tels que H. St. Chamberlain, ose se présenter comme le coryphée de l'idéalisme et du spiritualisme. Non seulement, en effet, c'est sa cupidité économique et son appétit d'extensions territoriales (1) qui ont mis le feu au monde, mais philosophiquement considérée, sa politique intérieure de despotisme et sa politique extérieure de violence reposent sur des principes d'un caractère nettement matérialiste.

Mais tout ce système, — faisons un moment abstraction de l'horreur qu'il nous inspire, — souffre en lui-même de la contradiction intime qui est à sa base. Il prétend mécaniser la société, mais il ne le peut qu'en substituant à l'action spontanée des lois naturelles, immanentes, c'est-à-dire à un mécanisme proprement dit l'arbitraire d'une force tyrannique, extérieure, qui en est le contre-pied. L'ordre rigide qu'il prétend instituer n'est en réalité que l'instrument docile d'une autorité placée au-dessus de toute loi, seule chargée de tout prévoir, et qui échappe elle-même à toute prévision, capable par ses coups de tête de plonger tout le système social, y compris

(1) Cf. Luzzati, article du *Corriere della Sera*, résumé dans le *Temps*, du 16 octobre 1916,

les sociétés voisines, dans un abîme de désordre. N'a-t-on pas, avec force et justesse, appelé récemment l'Allemagne « la grande anarchiste (1) » ?

Le traditionalisme, qui est l'expression trompeuse du matérialisme politique, n'est lui-même en général qu'un artifice pour asservir le présent à un passé *qui n'agit plus spontanément*. Sous le masque d'une règle morale de respect ou de reconnaissance pour ce passé, on transforme en principe de servitude un principe de simple continuité, valable seulement dans la mesure où il n'est que l'expression d'un fait brut et négatif, à savoir que la base matérielle des civilisations ne se prête pas à de brusques changements. Ce n'est plus même alors le passé réel qu'on prétend imposer comme régulateur au présent, mais une certaine *idée* du passé, adaptée à certaines préférences ou à certains intérêts. On n'ose plus aller, parce qu'on prétend s'appuyer sur l'histoire et que c'est le snobisme en faveur, jusqu'à faire comme Platon, qui invente de toutes pièces une « tradition », destinée à servir de base et de justification à sa construction utopique. Mais, au degré près, on fait quelque chose d'analogue. On construit, contradiction étrange, une *tradition de convention* sur la base d'une histoire complaisante à certains siècles, épurée de tout ce qui déplaît, amputée de toutes les périodes qui opposeraient un démenti trop évident au tableau

(1) Discours prononcé par Sir Edward Grey, le 23 octobre 1916.

qu'on nous trace du passé. Et c'est cette idée truquée, ce décor de théâtre substitué à la réalité, qu'on prétend nous imposer comme une norme obligatoire, alors que l'histoire, même la plus complète et la plus exacte, est incapable, par nature, de nous fournir aucune règle !

C'est d'ailleurs un fait logique et qu'on peut toujours vérifier, que *le traditionalisme n'apparaît qu'au moment où la tradition ne suffit plus*. En d'autres termes, c'est parce que la tradition est plus ou moins rompue ou discréditée qu'on tâche d'en renouer le fil et d'en restaurer l'autorité. Le pouvoir de la tradition est, par essence, un pouvoir spontané ; dès qu'on en prétend faire la théorie, et du fait passer à l'idée, c'est que l'efficacité *causale* propre de la tradition a disparu ou faibli. C'est pourquoi le traditionalisme, qui invoque la continuité et la nature, n'est d'ordinaire que la formule de la régression ou le prétexte de l'oppression. Le traditionalisme est donc voué à cette contradiction de n'avoir de raison d'être comme doctrine que parce que les faits lui infligent un démenti ; il est réduit à être aussi révolutionnaire que la politique qu'il attaque à ce titre, mais à l'être au nom de principes qui devraient le lui interdire, puisqu'ils impliquent la condamnation de toute intervention réfléchie, artificielle, déterminée par l'Idée.

A quoi il faut ajouter que le principe conservateur et traditionnel ne vaut, par nature, que pour un milieu national limité. En admettant qu'il soit apte à fonder ou à consolider l'ordre intérieur, il est incapable de déterminer un ordre international. Il ne tendrait, au contraire, qu'à accentuer la division entre les peuples. Il ne pourrait les unir qu'en les confondant par la conquête. C'est pourquoi nous le voyons coïncider avec ce nationalisme de haine, d'orgueil et de rapine dont le pangermanisme est le type. Un tel principe est donc hors d'état de concilier, comme la vie moderne l'exige, l'organisation intérieure des nations autonomes avec l'organisation internationale. Or, sans sécurité dans les relations entre les peuples, quelle sécurité est possible pour chacun d'eux pris à part ? Quelle vanité aujourd'hui de vouloir fonder une vie nationale sur un principe d'isolement ! Quelques nations doivent reconnaître aujourd'hui combien il est téméraire de se croire à l'abri des tempêtes et de prononcer un *suave mari magno*. Dans l'ordre physique le régime de la causalité est un régime universel, amorphe et sans frontière. Dans l'ordre social la contrefaçon qu'on en prétend instituer serait au contraire un régime d'isolement, impropre à assurer la communication des systèmes sociaux coexistants. Ce régime pouvait relativement convenir aux sociétés d'autrefois qui vivaient d'une vie presque séparée. Mais comme cette communication est désormais aussi inévitable matériellement que nécessaire moralement, il reste qu'elle s'établisse sur le droit et la liberté, si elle ne

veut s'opérer sous la forme de l'absorption violente ;
et cette dernière est la seule que le « régime de la
causalité » puisse comprendre et pratiquer.

***

Ainsi nous croyons avoir fait sentir que ce que nous
appelons le « Régime de la Causalité » ne peut être
artificiellement restauré dans les sociétés et qu'un
tel effort, allant contre tout le mouvement de l'évolution humaine, est un véritable non-sens, parce que
ce régime est incompatible avec l'indispensable fonction de prévision qui conditionne l'action sociale.
Cette fonction devra donc s'organiser sur la base
opposée, qui est celle de la conscience claire et du
consentement, dans un régime s'approchant progressivement du « Régime de la Finalité ». C'est donc
le Droit, et plus particulièrement le droit contractuel
caractéristique d'une véritable démocratie, qui seul
peut concilier la liberté avec la détermination sans
laquelle l'action ne saurait se développer, et concilier
la vie propre de chaque nation avec l'extension et la
sécurité des rapports entre les nations. La société
des nations apparaît aujourd'hui aussi inévitable,
aussi nécessaire au progrès humain que la société
des individus, et elle ne peut sans absurdité et sans
dangereuse incohérence être fondée sur des principes
radicalement différents. Quiconque prend le parti
du droit international et de la fidélité aux traités

contre les abus de la force, opte implicitement pour le principe de la liberté, et sera entraîné à le reconnaître aussi, sous la forme de la démocratie, dans la politique interne des nations. Quiconque prétend pratiquer en matière internationale le système du brigandage et de la violence est obligé de pratiquer au dedans le despotisme, et inversement, s'il pratique le despotisme, il est conduit à ignorer le droit des peuples comme il ignore le droit. des personnes. De part et d'autre, *c'est l'idée même d'une société humaine qui est méconnue* ; des deux côtés c'est la même prétention qui est affichée, de faire régner dans le monde humain non pas le Régime de la Finalité qui lui est propre, mais le Régime de la Causalité mécanique qui ne saurait lui convenir ni permettre à l'action de s'y mouvoir avec sûreté. C'est pourquoi il nous semble décidément impossible d'admettre un triomphe définitif des empires de proie. Leur succès temporaire n'est certes pas matériellement impossible ; mais il constituerait pour l'humanité une si formidable régression, qu'il ne saurait s'établir sur des bases durables. Nous avons essayé de le montrer par des raisons qui sont sans doute trop générales, mais qui à notre sens ont un caractère absolument positif et pourraient dans un travail plus étendu se justifier par une analyse concrète des faits.

A ceux d'ailleurs qui, chez nos ennemis, se sont flattés, d'établir, avec autant de pédantisme que

de légèreté philosophique, la « nécessité métaphysique de la victoire », nous pouvons opposer que jamais il ne sera plus légitime de parler d'une pareille
nécessité que lorsqu'il s'agit du triomphe de l'esprit
sur la matière. Quel serait le sens du monde, s'il en
a un, sinon celui-là ? Et qu'est-ce que l'avènement
de la liberté dans l'Homme, dans la Société et dans
la Société des sociétés, sinon l'avènement, sous ses
formes progressives, de ce règne de l'Esprit ?

IV

RÉFLEXIONS SUR LE DIABLE [1]

On a souvent dit que, dans tel drame antique, sous les personnages visibles dont les démarches déroulent l'action devant nous, se cachait le principal acteur qui la dominait et l'expliquait : le Destin. Dans le grand drame présent, au delà des consciences particulières des hommes, au delà même des peuples qui en sont à la fois acteurs et spectateurs, n'y a-t-il pas aussi quelques grands personnages, non pas cachés certes, mais invisibles, qui sont le ressort de la formidable action, qui en sont l'âme, en dominent les péripéties et en expliquent le mouvement ? N'ont-elles pas cette sorte de réalité supérieure, ces grandes idées de Liberté, de Justice, de Démocratie, dont il nous est impossible de ne pas faire état comme de forces agissantes et directrices ?

(1) *Revue des nations latines*, décembre 1918 (écrit en septembre).

La présence et la souveraineté de ces invisibles n'est-elle pas ce que la conscience des peuples a d'instinct exprimé en invoquant le nom de Dieu, personnification traditionnelle de la Réalité de l'Idéal? Chacun veut et prétend avoir pour soi un tel allié, dont il ne peut espérer ni troupes, ni canons, et ce n'est pas le moins matérialiste des belligérants qui s'est le moins souvent targué d'obtenir son concours.

Tant que les conflits guerriers étaient partiels et limités, les deux adversaires ne pouvaient manquer de sentir que leur opposition n'était qu'une opposition d'intérêts et d'ambitions, un différend sur le mien et le tien. Chacun pouvait décorer sa cause de raisons plus ou moins prestigieuses ; les titres n'en étaient pas moins de même ordre et les deux belligérants se sentaient placés sur le même terrain. L'idée même du Droit ou bien n'apparaissait pas ou se réduisait à l'expression d'une prétention balancée, du côté de l'ennemi, par des titres tout semblables.

Mais lorsque les conflits ont grossi, — suivant la loi si fortement et presque prophétiquement formulée par Tarde, — jusqu'à partager le monde presque tout entier en deux camps, l'idée des intérêts particuliers s'efface nécessairement ; leur complexité et leur enchevêtrement interdit à chacun des combattants d'invoquer, non seulement contre l'ennemi, mais auprès de ses alliés mêmes, ses avantages et ses convoitises propres, sur lesquels l'entente ne se ferait pas. La cause commune prend nécessaire-

ment figure de cause universelle. Les Allemands eux-
mêmes, qui ne dissimulaient guère, en provoquant
le conflit, leurs motifs de conquête et de domination,
en sont venus à se donner comme les protagonistes
et les serviteurs d'une conception politique supérieure, d'une *politische Weltanschauung*, d'une forme de
civilisation dont leurs victimes mêmes devraient
bénéficier. Alors, en effet, il devient naturel, pour
les peuples habitués à ce langage, d'invoquer la
Divinité, grandie, elle aussi, jusqu'à l'unité et jusqu'à
l'absolu.

Seulement ici surgit une difficulté que la conscience
antique ne pouvait connaître. Les dieux d'autrefois
pouvaient présider aux batailles, parce qu'ils étaient
nombreux, et divers ; chaque peuple avait les siens.
Mais le progrès de la conscience religieuse a été plus
rapide que celui de la civilisation ; l'unité de Dieu
s'est faite, quand l'unité de l'Humanité, qu'elle sym-
bolise et qu'elle annonce, est loin encore de sa réalisation. Les peuples sont divisés et il y a encore guerre
entre eux, tandis qu'il n'y a plus qu'un Dieu. Il ne
peut tout de même être dans les deux camps à la
fois. Son ubiquité ne saurait sans absurdité être une
ubiquité morale. Au contraire, s'il est un pour tous,
il ne saurait être divisé contre lui-même. L'énormité
du conflit rend aujourd'hui intolérable l'idée d'une
telle contradiction.

Il ne reste qu'une issue, c'est de revenir à la vieille
idée dualiste, et de reprendre, pour symbole du con-

flit, devenu universel, la formule de l' « Éternel conflit » entre le Bien et le Mal. Le polythéisme antique ne pouvait connaître un principe du Mal parce qu'aucun de ses dieux ne représentait la Perfection absolue. Le monothéisme seul pouvait, en ce sens, inventer le Diable. Seul il pouvait personnifier la négation de Dieu. Car on admet bien qu'il n'y a qu'un seul Dieu, mais on ne peut soutenir qu'il n'y a que Dieu seul ; sa toute-puissance reste virtuelle et ne se traduit pas par un règne sans partage. Le vœu « que ton règne arrive » implique la réalité d'un non-Dieu, d'une résistance à Dieu. Le christianisme n'a pas aboli le dualisme ; il l'a seulement transformé en lui donnant une couleur nouvelle. Puisque donc il y a deux camps dans l'Humanité entière, il faut bien que, si Dieu est dans l'un, le Diable soit dans l'autre, le Diable, c'est-à-dire alors non pas le mal que Leibniz appelle « métaphysique », c'est-à-dire l'inévitable imperfection des choses, l'impuissance relative des forces bienfaisantes, mais le mal positif, le mal moral, qui est un effort contre le Bien ; le Diable, c'est-à-dire non pas la simple limite de Dieu, mais la négation de Dieu, l'Esprit de Révolte, qui n'ignore pas le Bien, mais l'a pris en dégoût et en haine et mène contre lui un combat volontaire et impie.

C'est en effet l'idée qu'ont souvent exprimée, depuis qu'ils ont pris leur place dans la lutte, nos amis Américains. Jusqu'ici Dieu, et surtout Gott, avait seul joué un certain rôle au milieu des belligérants. Mais nos nouveaux alliés, toujours profon-dément pénétrés de l'esprit biblique qui animait leurs ancêtres, ont nettement aperçu Satan sous le casque à pointe des Hohenzollern et de leurs sup-pôts. « La mentalité des Américains, m'écrit un ami qui en a connu de notables dans le monde in-tellectuel, est très nette ; elle est religieuse : l'Alle-magne représente le Satanisme ; et l'Amérique est entrée en guerre au nom d'un principe moral et religieux qui n'admet pas de compromis : il faut détruire l'Esprit du Mal. » On trouverait une foule de textes pour confirmer cette impression ; et un Français, moins habitué à ces formules scriptu-raires, ne peut manquer d'être frappé de la place que tient dans l'éloquence de guerre transatlantique cette idée du Satanisme. Tout récemment encore, je ne veux citer que ces lignes, un notable publi-ciste, M. A. Herron, écrivait en parlant du nouveau ministre von Hintze : « Dans tous ses concepts, dans tous ses mobiles, il apparaît nimbé de la splen-dide sérénité d'un esprit véritablement satanique... Il drape son diabolisme dans un manteau de raffine-ment chevaleresque... ». On croit apercevoir Mé-phistophélès, avec sa cape et sa plume. Il y a là, assurément, quelque chose de plus qu'une phraséolo-gie et une rhétorique. Il y a une idée dont l'expres-sion insistante traduit un sentiment et une conviction caractéristiques, différant à certains égards des autres formules religieuses que la guerre a rendues si fréquentes. Il y a, par exemple, moins d'orgueil et plus de mérite à se porter adversaires du Diable qu'à se prétendre favorisé du secours divin. On peut déclarer la guerre au Mal sans être soupçonné de cette insupportable prétention à la perfection qu'affichent les chevaliers de l' « Ich und Gott ». Et en effet l'Amérique venue pour aider, *to help*, et non pour primer, apportant sans compter ses hommes, ses ressources, sa puissance de volonté et de réalisation, ennoblit encore le désintéressement de son effort par un esprit de modestie et de concorde qui commande la sympathie après l'admiration. Elle s'est immédiatement encadrée et a pris la suite au lieu de prétendre à prendre la tête, sans témoigner d'aucun amour-propre jaloux, d'aucun souci de prépondérance. Elle définit le bon combat par l'ennemi qu'elle s'est choisie et non par la perfection qu'elle s'attribue ; elle ne se prétend pas peuple élu, mais au contraire simple instrument d'un idéal supérieur et qui la dépasse.

C'est pourquoi de toute manière cette idée américaine du Satanisme m'a paru digne d'attention. Elle nous fournit d'ailleurs une occasion privilégiée de comprendre le mécanisme de l'idée religieuse. Privilégiée d'abord, par ce qu'elle a, comme je l'indiquais, de nouveau et d'original ; mais aussi parce que nous pouvons l'aborder avec plus d'aisance et de liberté. A parler de Dieu et de son rôle dans les consciences individuelles ou nationales, on s'expose toujours à déplaire. La liberté critique passerait vite pour ironie offensante, l'agnosticisme pour athéisme ; et pour qui Dieu est une force, l'athéisme toucherait au défaitisme. Avec le Diable il y a moins à se gêner ; la critique est plus à l'aise puisque le croyant lui-même ne demanderait qu'à pouvoir nier le Négateur. La réalité vivante de cette négation morale est pour la conscience un scandale et une souffrance encore pire que n'était pour la raison d'un Parménide l'existence du Non-Être ou pour la physique cartésienne celle du vide. On ne courrait pas grand risque à passer pour athée du Diable et l'histoire ne parle pas de bûchers élevés pour Adiabolisme ; on y était plutôt exposé, au temps des Albigeois, pour faire une place excessive au principe mauvais. Essayons donc ici un peu de psychologie religieuse dont chacun usera, si bon lui semble, dans d'autres domaines.

*
* *

Le premier caractère d'une conception comme celle du Satanisme, c'est de concentrer dans un symbole la totalité des objets de notre haine et de notre mépris, le « Mal ». Mais le mal serait une idée abstraite, un simple cadre qu'il faudrait remplir de toutes les déterminations particulières et surajoutées, si nous voulions nous rapprocher du réel. Le symbole, comme tout signe, donne prise à l'esprit sur l'abstrait en le matérialisant. Mais il fait plus. Le simple signe permet de manier le général en lui substituant une sorte de « chose » ; mais il n'en remplit pas le vide. Or le logicien sait que totaliser, ce n'est pas généraliser. L'Idée platonicienne n'embrassait le genre entier. qu'en effaçant les caractères des espèces et des individus. Le symbole, au contraire, prétend, et réussit plus ou moins, grâce au concours de l'imagination, à totaliser ce que l'abstraction isole et détruit : Satan, ce n'est pas seulement le Mal en soi ; c'est le Mal dans sa genèse naturelle, avec la loi de dérivation des vices qui sortent du germe initial et générateur.

Ce germe, c'est par exemple l'orgueil, par lequel Satan se met au-dessus de la loi, substitue à la loi sa volonté particulière et égoïste, et mesure par conséquent ses droits à la perfection qu'il s'attribue. De là découle l'esprit de domination, de violence, de cruauté ; car il faut remplacer le droit par la force et substituer la contrainte à l'assentiment. La seule supériorité qu'on puisse établir quand on ne s'adresse pas à la raison, c'est celle de la force ; et d'ailleurs l'orgueil entraîne le mépris de toute valeur hors de soi, l'incapacité de sympathie qui se traduit en cruauté.

Mais Satan sera ensuite l'esprit de mensonge que l'orgueil suscite encore : il faut en soutenir les prétentions par tous les moyens, calomnier l'adversaire, tromper et séduire celui qu'on veut ré-

duire en servitude. Le Diable est le Calomniateur.
C'est en vain qu'une conscience voudrait nier toute
loi supérieure au caprice individuel ; l'Orgueilleux
n'ignore pas le Bien, quoiqu'il opte pour la mal ;
il n'oublie pas sa parole en la reniant ; il ne méconn-
aît pas sa signature, qu'il déchire. Ses vouloirs sont
en conflit entre eux comme la pensée du menteur
dément le mensonge. Mais cette contradiction ne
peut s'avouer sans détruire tout le crédit dont le
mensonge a besoin. L'hypocrisie est la rançon de
la révolte initiale, car le Révolté s'isole, et pourtant
il n'est pas seul et il le sait bien. Il faut donc qu'il se
pare des apparences mêmes de la loi qu'il a prétendu
renverser ; il ne peut la vaincre qu'en lui emprun-
tant ses armes ; il doit lui rendre hommage pour la
trahir.

Satan enfin possède la science ; il sait comment on cueille les fruits de l'Arbre ; mais il n'aime
de la science que la puissance qu'il en tire et non la
vérité qu'il y trouve. Elle ne lui sert qu'à détruire
et non à créer, à détruire d'abord l'Homme lui-
même qui devait y puiser force et noblesse.

On peut ainsi construire dans son ensemble orga-
nique un caractère, un Esprit du Mal auquel nos amis
américains découvrent une frappante ressemblance
avec ce que la guerre leur à révélé du Boche. Ils n'y
pouvaient pas croire tout d'abord, mais ils ont peu
à peu fait cette découverte. Leur ennemi présent
peut, à la lettre, s'appeler l' « Ennemi du genre hu-

main *, puisqu'il a contre lui, et il en tire orgueil, la presque totalité des nations civilisées. Satan est devenu visible, il s'est fait homme ; car sans cela il ne pouvait mériter toute la haine ni susciter toute l'âpreté du combat que l'humanité se doit à elle-même de lui livrer : il ne la déshonore que s'il est homme. Nous ne pouvons vraiment aimer qu'un Dieu humanisé, dont la perfection soit « notre » perfection ; une perfection trop étrangère à notre nature nous laisserait indifférents et inertes. De même le mal qui serait une simple imperfection naturelle, une simple absence d'humanité, comme la fatalité d'un tremblement de terre ou la férocité du fauve, un mal qu'on pourrait souhaiter d'abolir, mais pour lequel on n'aurait ni honte ni haine, un mal enfin qui ne dégraderait pas l'homme parce que l'homme ne s'y reconnaîtrait pas, un tel mal ne serait pas pour nous, si l'on peut ainsi parler, le *Mal par excellence*. Il faut donc qu'à son tour Satan ait son Incarnation, comme l'avaient senti ceux qui ont imaginé l'Antéchrist. Tolstoï, en professant que l'Amour suffisait, et en refusant de croire à la méchanceté, se rapprochait peut-être inopinément de Spinoza, pour qui le mal n'était qu'un manque ; il était sans doute infidèle à l'esprit du christianisme qu'il croyait restaurer.

Ainsi la représentation religieuse n'est pas seulement ici un symbole, c'est une personnification : c'est qu'aucun de nos sentiments ne peut atteindre toute son intensité qu'à l'égard d'une personne. Jamais nous ne détesterons l'avarice autant que l'Avare, ni l'hypocrisie autant que Tartuffe. La représentation religieuse aura donc finalement cette vertu d'unir et d'identifier la généralité la plus haute avec la réalité la plus concrète et de coordonner, de faire converger l'action de la raison et celle du sentiment pour mouvoir la volonté.

Du même coup le principe d'action qui en résulte prend une valeur absolue qui est aussi très caractéristique de la motivation religieuse. Le Mal, devenu un absolu vivant, condense en lui et systématise tous les vices qui, dans leur diversité et leur séparation seraient relatifs, explicables, pardonnables. Les Allemands ont toujours excellé, en isolant chacun de leurs crimes, à leur découvrir des excuses, des justifications, à susciter au moins la discussion et à jeter la confusion dans les consciences. « La Belgique aurait pu donner passage et appui à nos ennemis. Il fallait la tenir. — La *Lusitania* ne pouvait-elle pas, ne devait-elle pas porter des munitions ? Miss Cavell faisait échapper des Belges, il fallait bien faire un exemple. Nous avons décreté une zone de guerre ; vous étiez prévenus ; pourquoi vous obstiner à naviguer ? Il faut terrifier pour abréger la guerre ; l'humanité même l'exige. Et pourquoi, en fin de compte, méconnaît-on notre supériorité de peuple élu en nous résistant ? » L'orgueil pangermaniste achève ainsi son circuit ; seulement chacune de ses démarches est empreinte de cautèle, chacun de ses crimes s'enveloppe de motifs honnêtes. Mais avec l'Esprit du Mal on ne transige pas. On ne traite pas avec le mensonge. On ne peut parler de pardon avant le châtiment. C'est bien le sentiment que l'Amérique apporte dans la lutte, et qui a trouvé maintes fois son expression dans la bouche des porte-parole les plus autorisés des États-Unis. Pas de compromis, pas de pourparlers avant que l'Allemagne ait reconnu son erreur et sa faute, humilié son orgueil devant la Conscience universelle, rejeté son mauvais génie, le Satan-Hohenzollern. Après, on verra.

Ainsi un symbole pour la pensée, une personnification pour le sentiment, un absolu pour fonder la résolution de la volonté, voilà le système de la pensée religieuse telle qu'il apparaît dans cet exemple si actuel, si complet, si caractéristique.

Mais cela ne suffit pas encore. Quelle valeur pratique auraient symboles et personnifications, si ces représentations n'apparaissaient que comme une machinerie artificielle dont les ressorts se trahiraient ? Il faut qu'il s'y attache une certaine dose de foi, un sentiment assez fort de vérité, sans quoi elles perdraient leur efficacité. L'auto-suggestion cesserait d'opérer si elle se reconnaissait elle-même pour telle. Il faut donc aux idées religieuses, aux images qui

les soutiennent, au langage même qui les exprime,
un caractère de spontanéité qui les présente à l'esprit individuel, non comme une invention, mais
comme une intuition. Kant avait aperçu avec clarté
que ce qui manquait aux preuves de l'existence de
Dieu pour être convaincantes, c'était une intuition,
correspondante de leur objet ; toute preuve d'une
existence reste précaire, si elle ne se confirme finalement par une perception. Il avait raison, et si
Dieu n'était pas donné de quelque manière, on se
demande comment on pourrait même songer à le
démontrer. La psychologie de l'homme social permet aujourd'hui de mieux comprendre cette position paradoxale du problème de Dieu : qu'on semble
poser Dieu d'abord pour le prouver ensuite. C'est
qu'en effet les représentations religieuses et leurs
diverses expressions sont fournies à chaque cons-
science individuelle par une tradition qui leur est
extérieure et dont elle n'aperçoit ni les origines ni
la genèse. En ce sens, elles se présentent à l'esprit
comme un donné, comme du tout-fait qui s'impose à
lui, — sauf intervention de la critique, — sans qu'il
ait à l'inventer ni à l'élaborer. C'est certainement
ce que l'on peut retenir, en dehors de toute métaphysique sociologique, de la théorie durkheimienne
de la conscience sociale : en percevant le contenu
de la conscience collective, la conscience individuelle
éprouve le sentiment d'une réalité extérieure et
indépendante ; elle y découvre un monde, comme

ses sens lui révèlent le monde physique. L'habitude, insensiblement acquise dans une enfance toute plastique et docile, vient d'ailleurs compléter l'œuvre de la tradition ; elle la fait cristalliser dans la conscience individuelle et contribue ainsi à donner à l'esprit adulte cette impression de donnée toute faite, d'objectivité par conséquent, que les représentations religieuses produisent déjà par leur caractère social.

L'analogie de cette perception avec celle de la réalité physique se complète encore de ce fait que ses objets forment aussi, jusqu'à un certain point, un ensemble où tout se tient. C'est un « monde » à part, un « autre monde », dont la réalité se mesure à sa consistance et à son unité, comme celle du monde physique. Isolée, toute représentation d'un objet pourrait être tenue pour hallucinatoire. Elle tire sa vérité de sa connexion avec l'ensemble des autres représentations. L'image religieuse, fait, elle aussi, partie d'un système où elle s'incorpore. Ainsi les objets de la tradition présentent, bien qu'imparfaitement, les caractères formels du réel : universalité, consistance, permanence.

Chez un peuple nourri de la Bible, l'idée de Satan rappellera tout un système d'idées et de récits, la révolte de l'Ange, la séduction d'Ève, la tentation sur la montagne... Le paysan le plus ignorant du Far-West partagera ces mêmes pensées avec le plus cultivé président d'Université. Certes ils n'en penseront pas aussi long l'un que l'autre à ce sujet. Mais n'en est-il pas de même des objets de la perception ? Le fermier bas-breton et le directeur de l'Observatoire s'entendent quand ils parlent du soleil ; pourtant les idées qu'ils s'en font sont bien différentes et le premier, qui sait ce qu'on appelle le soleil, ne sait pourtant à peu près rien de lui.

Ainsi la conscience populaire, mise en possession des idées religieuses par la tradition et l'assentiment commun, y trouve un objet de foi efficace, alors qu'elles ne paraîtraient sans cela qu'une invention poétique, une sorte de rhétorique plus ou moins ingénieuse, mais dont on ne serait ni la dupe ni le serviteur. Ces représentations acquièrent au contraire, comme je viens de le montrer, un caractère impérieux qui dispense de discuter et un caractère synthétique, qui dispense d'analyser. La Justice, la Liberté, la Démocratie, le droit des peuples, notions difficiles et complexes, qui suscitent des problèmes délicats, d'étranges antinomies, des désaccords entre l'idéal et le possible, des conflits entre la théorie et la pratique. Maintenant, *pour la volonté du moins*, tout se trouve réduit à des termes très simples et très certains. Qu'il faille combattre le Diable, si Diable il y a, cela est bien évident puisqu'il est par définition tout ce qu'il faut haïr et détruire, comme, si Dieu il y a, il faut l'aimer et le servir, puisqu'il résume tout ce qu'il nous faut vouloir et réaliser. Et tout un peuple marche, avec un élan incomparable, à l'assaut de la forteresse infernale.

***

Nous n'avons voulu qu'exposer une face de la conscience américaine sans avoir la prétention d'expliquer entièrement l'explosion magnifique d'idéalisme généreux et d'énergie humaine dont nous sommes témoins. Mais ce côté de l'âme américaine nous a paru curieux et significatif. Il nous révèle d'une manière générale les formes et la puissance du sentiment religieux, que la guerre nous avait déjà montrées sous d'autres aspects. Il nous révèle aussi plus particulièrement ce qu'il y a de religion vivante chez un peuple qu'on prétendait quelquefois absorbé par la *business* et voué au culte du Dollar, tandis que nous le voyons concilier, en une synthèse singulière, la hardiesse la plus audacieuse dans les voies du progrès industriel, et la fidélité la plus simple aux formes de la tradition chrétienne. En tout cas, ce n'est pas rabaisser l'estime que nous devons à notre grand allié que de mettre en lumière la vision qu'il a du Satanisme allemand. « Le crime se connaît en vertus », a dit V. Hugo ; mais c'est surtout la réciproque qui est vraie. Peut-être ne fallait-il rien de moins qu'une volonté du Bien aussi désintéressée, aussi complète, aussi ardente pour sentir avec tant d'intensité le caractère diabolique de la Barbarie scientifique. « Les biens et les maux extrêmes ne se font pas sentir aux âmes médiocres » ; et seul, sans doute, Ormuzd peut mesurer toute la perversité d'Ahriman.

V

APRÈS LA GUERRE ;
LA RÉADAPTATION MORALE [1]

Nous n'avons pas l'intention de traiter ici dans son
ensemble un sujet aussi vaste et aussi complexe que
celui des rapports de la guerre et de la morale. Il
est même tels côtés de cette question qu'il serait
inopportun d'aborder : je ne dirai rien par exemple
de ce qu'il peut y avoir de dangereux pour la moralité normale dans les habitudes de haine et de brutalité que la guerre développe, mais qu'aussi elle
exige. La guerre nous est donné aujourd'hui comme
un fait actuel ; il ne s'agit pas pour nous de juger la
guerre, mais de comprendre cette guerre et surtout
de la vivre, de nous y adapter, d'en tirer moralement
et politiquement le meilleur parti possible. Nous

(1) Cet article a été écrit en mars 1916 pour le 1ᵉʳ numéro de
la *Revue des nations latines*, qui a cessé de paraître.

sentons tous qu'il y a dans cette guerre quelque chose de plus profond qu'un conflit de forces ou d'ambitions. Il est donc naturel de souhaiter qu'elle soit pour nous l'occasion, — en peut-on concevoir une plus décisive ? — d'une régénération politique, sociale et morale. Autrement qu'en resterait-il que des deuils et des ruines ?

I. Or, et c'est ici que commence à se dessiner la question particulière que nous nous sommes proposée, la victoire que nous espérons non seulement pour nos armes, mais pour les principes qu'elles défendent, cette victoire, fût-elle aussi complète que nous pouvons le rêver, est par elle-même incapable de susciter la rénovation nécessaire. Elle en est une condition, mais non pas la condition suffisante. Elle ne l'est déjà pas si l'on envisage la question du côté de l'ennemi lui-même. Car supposons-le réduit à l'impuissance, il n'est pas entièrement vaincu, s'il n'est convaincu. Il ne peut suffire de l'abattre matériellement ; on ne préviendra de nouveaux cataclysmes que si l'on ruine les principes immoraux et inhumains de son impérialisme despotique et conquérant, si on le ramène à une notion plus saine du droit, si l'on a raison de cette orgueilleuse servilité qui lui a fait méconnaître aussi bien sa propre liberté que celle des autres. En un mot, il faut que le peuple allemand, comme le disait hardiment R. Allier, soit converti. Il faut qu'une victoire morale complète la victoire militaire.

Mais n'avons-nous sur ce terrain que l'ennemi à vaincre ? Si ce sont nos principes qui l'emportent, ne nous faut-il pas faire un effort sur nous-mêmes pour les mieux réaliser, comme pour les mieux propager, pour en tirer enfin nous-mêmes tout le profit qu'ils comportent ? Ne nous faut-il pas triompher de ces faiblesses qui nous ont si souvent empêchés de mettre à profit des qualités intellectuelles et artistiques supérieures : l'alcoolisme, l'égoïsme dépopulateur, l'esprit d'indiscipline et de laisser-aller ? Nous sommes en démocratie et nous sommes fiers d'opposer ce régime au despotisme et à l'esprit de caste de nos ennemis. Mais dans quelle mesure y sommes-nous prêts ? N'avons-nous pas encore à acquérir bien des qualités de caractère, à répandre bien des lumières sans lesquelles la démocratie ne serait qu'une apparence trompeuse ?

Cette œuvre aussi est toute différente de celle de la victoire elle-même, œuvre plus profonde, plus intime, plus prolongée et à laquelle il convient de songer dès à présent.

On pourra sans doute se flatter de l'idée que l'effort même imposé par la guerre aura déjà réalisé une bonne part de cette victoire sur nous-mêmes. Il aura établi entre les citoyens une plus profonde unanimité, donné une exceptionnelle intensité au sentiment de l'intérêt commun, suscité ou révélé chez tous, combattants ou non, une capacité de sacrifice qui devra bien se retrouver dans la vie normale du pays. De telles espérances sont sans doute en partie fondées. La guerre a certainement réveillé plus d'une conscience endormie, éclairé sur plus d'un point la moralité commune obscurcie, mis en évidence la gravité de certaines fautes passées auxquelles on était trop indulgent dans la paix, préparé de féconds repentirs. — Sans méconnaître ces contre-coups de la guerre, que nous ne nous proposons pas de considérer ici, nous pensons qu'on se ferait illusion en les croyant suffisants à produire la restauration morale que nous attendons. Ils n'y suffiront pas plus que la secousse du malheur ou du châtiment ne suffit à remplacer, pour le retour au bien, la réflexion de la conscience.

Tout d'abord, les problèmes sociaux et moraux qui s'imposeront à nous sont trop déterminés, trop spéciaux parfois, pour que cette première préparation des âmes, due à la guerre elle-même, en fournisse la solution. Comme il y a une technique de guerre, dont le courage des soldats ne saurait dispenser, de même il y a une technique de la paix que les meilleures volontés ne sauraient remplacer et qui est indispensable à leur efficacité.

Mais de plus, et c'est ici que va se définir la question que nous voudrions envisager, la morale de guerre et la morale de paix sont, à beaucoup d'égards, profondément différentes. Assurément les traits les plus généraux, esprit de dévoûment, de discipline, sont analogues. Mais les oppositions sont nombreuses et graves. Non seulement les circonstances où se meut la guerre risquent souvent d'être dissolvantes pour la conscience normale, non seulement il est des vertus essentielles et même communes en temps de paix dont la guerre déshabitue et qu'elle risque parfois de déprécier, mais les plus hautes vertus guerrières sont à certains points de vue une préparation bien imparfaite à la vie sociale normale. Qu'on veuille bien nous faire un instant crédit, et ne pas nous attribuer la moindre intention d'en méconnaître ou d'en diminuer la valeur au moment où elles sont à la fois si nécessaires et si éclatantes. Mais il faut avoir la clairvoyance et la prudence de reconnaître qu'elles ont précisément un caractère exceptionnel, et que, appropriées à des conditions et à une fonction extraordinaires, elles ne peuvent satisfaire aux exigences de la vie régulière et de la société en paix. La conséquence pratique de cette observation, c'est que nous n'aurons pas seulement à étendre aux fonctions de la vie normale les vertus de la vie guerrière ; nous avons à prévoir une véritable réadaptation morale aux conditions de la vie pacifique, alors surtout que la guerre aura été si longue et qu'une si grande partie de la nation y aura été directement engagée.

Sous ce mot de guerre, ce que nous voyons surtout, c'est le sang versé, la mort et la mutilation de tant d'êtres humains, c'est l'incendie, le naufrage, la fantastique destruction de biens de toutes sortes.

Nous sommes saisis par ce contraste paradoxal : ici, dans le pays libre d'invasion, loin de la ligne de bataille, c'est la sécurité relative, la confiance mutuelle des hommes ; chacun travaille, vend, achète, circule, protégé par les lois et par la sympathie sociale commune ; en un mot, ici règne la paix, c'est-à-dire la justice relative qui consiste dans l'acceptation et le maintien d'un ordre social défini. A quelque cent kilomètres du lieu où j'écris paisiblement, plus de sécurité, plus de travail organisé, plus d'échanges réguliers, plus de lois protectrices ; c'est le règne de la destruction, du pillage, du massacre ; c'est la guerre : la force, la brutalité sont souveraines.

Mais il ne faut pas que cet âpre contraste, ce violent clair-obscur du tableau de la guerre nous empêche de voir qu'il n'est pas là tout entier, et nous dissimule les lignes et les ombres plus confuses qui en forment le fond et peut-être en expriment plus complètement le sens. Par la guerre, c'est l'ordre social tout entier qui est atteint. Quelle est la famille qui ne se trouve pas disloquée, quelle est la profession dont l'exercice n'est pas troublé, quelle est la fonction, publique ou privée, qui continue à s'accomplir régulièrement dans le corps de la nation ? Pénétrons plus avant : y a-t-il même un principe reconnu de la vie juridique, économique, politique ou morale qui ne se trouve atteint ou ébranlé par la nécessité de l'adaptation au régime de la guerre ? Stabilité des contrats, garanties de la propriété, équilibre des échanges, statuts professionnels, liberté de l'opinion et de la presse, contrôle des pouvoirs publics, toutes ces bases de la vie sociale normale sont modifiées ou devenues précaires, même en dehors de toute atteinte de l'ennemi. Toutes les valeurs, pour prendre une formule à la mode, sont déplacées ou reclassées. En bien des points, ce qui était précieux est devenu vain, ce qui était certain devient douteux, ce qui était solide devient fragile, ce qui était défendu devient permis ou même nécessaire. Pour les uns, la règle du bien et du mal devient plus stricte, plus exigeante, plus noble ; pour d'autres, elle se relâche et se ravale. Le trouble et l'instabilité d'un état foncièrement critique tendent chez beaucoup les ressorts d'une volonté supérieure ; chez d'autres, ils débrident aussi une foule de passions mesquines et viles. Et ce désordre apporté dans le système social tout entier, dans son corps, c'est-à-dire dans sa vie matérielle et ses institutions ; dans son âme, c'est-à-dire dans les principes mêmes de sa conscience politique et morale, est particulièrement sensible et grave quand il s'agit d'une démocratie : car il y a une véritable antinomie, nous l'avons montré ailleurs (1), entre les exigences de la guerre et les principes de la démocratie.

Nous ne pouvons faire ici qu'indiquer ces réac-

____

(1) V. plus haut : *La guerre et la démocratie.*

tions de l'état de guerre sur l'ensemble de la vie collective, dont les preuves sont d'ailleurs entre toutes les mains, et font partie aujourd'hui de l'expérience quotidienne du plus humble. Mais si l'on en a bien senti l'étendue et la profondeur, on sera prêt aussi à comprendre la nécessité des réadaptations morales que nous avons en vue. Comme il y aura des forêts à replanter et des villes à rebâtir, il y aura aussi beaucoup à reconstruire dans les âmes.

II. — On ne pourra trouver que nous prenions la question de biais, si nous considérons d'emblée la forme supérieure de la vertu guerrière, l'héroïsme, pour montrer combien il s'en faut qu'elle coïncide avec les vertus essentielles de la vie normale.

L'héroïsme, dans la vie ordinaire des sociétés, ne saurait être que d'un usage exceptionnel. Il en faudra toujours de temps en temps, parce que justement les accidents, les dangers imprévus ne sauraient être tout à fait éliminés de l'ordre social. Mais c'est dramatiser bien faussement la morale et y introduire un romantisme suspect que de montrer dans l'héroïsme, comme on s'y plaît quelquefois, l'essence même de la moralité. C'est un sommet, mais où il est rare qu'on ait à monter. Il y a plus : l'ordre social a dans une large mesure « professionalisé » l'héroïsme, si l'on peut ainsi s'exprimer. Quelques hommes sont prévenus qu'il sera, à l'occasion, l'obligation propre de leurs fonctions : c'est le gendarme, l'agent de police, le pompier. Le reste du temps, c'est une existence assez paisible et en somme peu laborieuse qui leur est assurée ; leur prestige social est limité et ne se relève que dans les circonstances exceptionnelles où ils ont à risquer leur vie contre le feu, contre le criminel. Ces risques, les autres citoyens sont, en principe, dispensés de les affronter.

La forme fondamentale de la moralité normale est toute différente ; elle est faite avant tout de labeur assidu, de probité, de fidélité aux engagements pris, d'exactitude à remplir la fonction assumée. Comme elle est faite pour un régime *d'ordre*, elle a principalement pour fin de maintenir et de perfectionner cet ordre. C'est une vertu faite essentiellement de constance, de régularité. Elle se résume peut-être dans l'idée de *Justice*. Cet ordre qui au point de vue moral s'appelle Justice, au point de vue utilitaire peut s'appeler *Sécurité*. Et la principale matière de cette justice, la condition et en même temps la résultante de cette sécurité, c'est le *Travail* organisé, différencié, qui unit les hommes dans un échange régulier de produits et de services. On voit assez combien il serait contradictoire, dans une société juste et laborieuse, de se faire un idéal de « vie dangereuse » ; le risque y est réduit à l'état d'exception et d'anomalie. Ainsi, dans une société non point parfaite, mais policée et organisée d'une manière seulement passable, l'immense majorité des honnêtes gens pourra traverser la vie, y déployer même une activité féconde en œuvres utiles, voire généreuses, sans avoir une seule occasion de faire acte d'héroïsme. Nous constatons, il est vrai, que sous l'action de circonstances extraordinaires comme celles que nous traversons, beaucoup s'en montrent parfaitement capables ; et la richesse morale latente de certaines natures, parmi celles mêmes qui pouvaient paraître humbles et effacées, se révèle admirable. Mais que d'autres n'aient pas l'étoffe de héros, nous ne saurions nous en étonner, ni en conclure que leur vertu normale soit un mensonge ou une vaine apparence. Seulement c'est une vertu d'ordre, une vertu de paix. La solidité et la droiture de leur caractère, la constance et la ténacité de leur volonté peuvent en faire d'excellents citoyens, alors qu'ils n'ont pas à subir l'épreuve du danger ni à affronter le sacrifice suprême. On pourra faire sur leur tombe à cet avocat, à cet industriel, des éloges funèbres chaleureux et mérités. Qui peut savoir pourtant comment ils se seraient comportés dans la bataille et comment ils auraient marché à l'assaut ?

L'inverse n'est pas moins vrai. Les journaux ont cité maint exemple de délinquants, de criminels notoires qui se sont réhabilités par d'admirables exploits. Une dame qui avait adopté un certain nombre de « Poilus » avait l'intention d'en recevoir quelques-uns lors de leur permission. Elle s'adressa au capitaine en lui proposant de commencer par l'un d'entre eux, qui venait de recevoir la Croix de guerre. « Je ne vous le conseille pas, répondit l'officier ; dans le civil, c'est un apache. » Aucun de ceux qui ont pris le moindre contact avec la criminologie ne s'étonnera de cet apparent paradoxe. Dans nos sociétés, en effet, le criminel, j'entends le criminel d'habitude, est surtout un irrégulier, un homme incapable de s'engager dans les liens d'une profession, d'en accepter la discipline continue, de se plier aux exigences de l'ordre social. On est parfois stupéfait de ce que le professionnel du crime accepte de risques, subit de souffrances et d'inquiétudes, déploie d'ingéniosité et parfois de courage, pour vivre en marge de la société. Il semble qu'il lui en coûterait infiniment moins d'être honnête homme et que beaucoup de braves gens ne montrent pas tant de « qualités ». Pourtant l'apache ne peut se résoudre à la vie honnête. C'est que son idéal de vie est tout différent. Ce qu'il fuit, c'est par-dessus tout le travail et la règle.

Le risque lui plaît plus que la sécurité. Ce qu'il veut c'est de pouvoir donner libre cours à toutes ses passions, jouir d'emblée du luxe sans avoir la peine d'accumuler lentement, prendre de suite la femme qu'il convoite : il a horreur de toute contrainte extérieure, il veut pouvoir « tout faire », quoi qu'il doive lui en coûter plus tard. Le mot de Fontenelle sur l'homme que l'on conduisait au gibet : « En voilà un qui a mal calculé », n'est pas seulement un mot plaisant ; il a sa profondeur. Car le criminel est d'ordinaire celui qui répugne à calculer, à pré-

voir, à organiser sa vie. Mais il n'y a aucune contradiction à ce que ce même homme, qui a accepté
avec insouciance une existence pleine de risques,
sache maintenant affronter la mort et remplir avec
audace les missions les plus périlleuses. Cette fois,
le devoir qu'on lui propose satisfait son goût d'aventures et ne prend pas la forme, qui lui est insupportable, d'une besogne continue et monotone. Il ne
pouvait être un brave homme, mais il sera un homme
brave. Il n'eût pas fait un honnête boutiquier ni un
ouvrier assidu, mais, à une heure donnée, il sera un
soldat héroïque, sinon un soldat discipliné. Il ne
parvenait pas à s'accommoder d'un ordre social
extérieur, ni du continuel contrôle sur soi qu'il exige.
Mais la vie d'aventures, l'existence de risque-tout
que lui ouvre la guerre est à son goût. Les ruses de
sauvage, les expéditions nocturnes, l'attente drama-
tique du danger, l'enivrement de la lutte, sans parler
de la liberté sans frein laissée parfois à certains instincts brutaux, voilà son affaire. Si la mort est au
bout, il lui importe peu, car sa vie n'était pas *arrangée*
comme celle du paisible épicier, que la guerre vient
déranger dans ses affaires, qui rêvait de marier sa
fille et de se retirer avec le chiffre de rentes qu'il
s'était fixé. Ce qui rend le sacrifice de la vie difficile,
c'est peut-être beaucoup moins l'*instinct* de conservation que l'*idée* claire de ce que la mort nous enlève,
et c'est pourquoi le mérite d'un tel sacrifice éclate
surtout chez l'homme réfléchi dont la vie nettement

ordonnée avait sa place assurée dans le cadre durable de la société. L'apache n'a pas de ces prévisions ni de ces perspectives qui l'attacheraient à la vie. Son existence est une existence au jour le jour. On dirait parfois qu'il ne s'intéresse à la vie que comme à un drame dont il est l'acteur. Il n'en fait rien que, de la vivre aussi intense que ses passions peuvent la lui faire. Spectateur assidu des « mélos » violents ou sentimentaux, dont souvent il s'inspire, il se voit volontiers en scène, et sa vanité a frappé tous les criminologistes ; l'échafaud même lui est un dernier tréteau où il parade. L'honnête homme normal, au contraire, assigne à sa vie un but, une destinée, si humble soit-elle. Elle lui apparaît comme quelque chose qui se tient, comme un tout qui, dans la mesure permise à la fragilité humaine, peut et doit s'achever. Certes il pourra, le cas échéant, être capable de cette conversion brusque grâce à laquelle il sacrifiera d'un coup cette destinée personnelle à l'œuvre collective dont elle devait être un élément, parce qu'il aura compris que c'est encore une manière de la remplir. Mais enfin, s'il le fait, il sait du moins ce qu'il sacrifie ; il se représente ce reste d'existence qui ne s'achèvera pas, ces travaux qui ne s'accompliront pas. Quoi donc d'étonnant si certains restent au-dessous de la force d'âme nécessaire à une telle conversion, ou du moins se résolvent plus difficilement à abandonner ce trajet qu'ils voyaient devant eux et pour lequel ils avaient fait leurs préparatifs ?

Ainsi s'explique l'apparent scandale de ces réprouvés qui semblent se hausser d'un coup à un niveau moral que d'excellentes consciences n'atteignent que par exception. Ce paradoxe ne déroutera qu'une raison abstraite, dupe des mots et des classements, mal avertie de la complexité de la nature humaine et de la différence des vertus de la paix et de celles de la guerre.

Ainsi la vie héroïque n'est pas la vie simplement juste, adaptée à l'ordre social, s'organisant et se disciplinant elle-même en corrélation avec l'organisation sociale plus stable qui l'enveloppe. A qui oserait objecter qu'il manque quelque chose à cette vie normale par rapport à la première, on répondrait que la réciproque est encore plus vraie. Même cette générosité parfois sublime qui vient compléter, en certains cas, la vie juste, ne ressemble pas au dévoûment du héros. Celui-ci ne peut que sauver de la mort le corps social ; celle-là travaille à construire un ordre meilleur. L'un conserve, l'autre innove ; l'un voit son devoir simple et tout tracé, l'autre doit le chercher et pour une bonne part l'inventer.

On comprendra combien sont diverses les formes du courage si l'on considère ce simple fait : tel célibataire qui se bat magnifiquement, et d'autant mieux qu'il ne laisse personne derrière lui à qui il ait déjà voué sa vie, a pourtant manqué du courage nécessaire pour s'engager dans les liens de la famille, pour en assumer les charges, pour accepter les restrictions qu'elle eût imposées à ses fantaisies, à ses ambitions ou à ses plaisirs. Ce valeureux soldat était un de ces « embusqués » de la vie civile, sans la lâcheté desquels on eût sans doute renoncé à nous attaquer (1).

Ainsi les plus hautes virtualités morales développées par la vie héroïque du soldat peuvent bien sans doute disposer au dévoûment du citoyen. Elles sont pourtant d'une espèce bien différente, et ne suffisent pas à le préparer. La guerre, même par ses plus nobles côtés, est une éducatrice insuffisante pour le temps de paix.

III. — C'est ce qui apparaîtra plus clairement encore si nous considérons cet autre fondement de l'ordre social normal : le travail.

Le travail, en effet, ce n'est pas seulement l'effort, c'est la régularité d'un effort *productif*, spécialisé, organisé. C'est aussi et surtout, d'un autre point de vue, le moyen de *gagner sa vie*, le seul même en rigoureuse justice. On voit dès lors combien peu les fatigues du soldat sont assimilables à un travail proprement dit. Je laisse de côté le grand nombre de ceux qui attendent dans les dépôts, complétant leur éducation, ou, dans divers services auxiliaires, sont beaucoup moins occupés qu'ils ne l'étaient par leur métier. Je prends le soldat au front, celui qui se fatigue, qui veille, qui souffre du froid et des privations, qui, enfin, est tous les jours exposé aux bles-

(1) Cf. G. Rossignol, *Huit millions d'embusqués*, dans le journal *Pour la vie*, décembre 1915.

sures et à la mort. Même de celui-là, il est inexact
de dire qu'il *travaille*. On n'osera pas parler de son
oisiveté, parce que ce mot, dans le langage vulgaire,
semble impliquer l'absence et la crainte de l'effort,
la satisfaction égoïste d'une indolente sécurité. Mais
l'économiste, dont le langage est plus précis, s'il
appelle oisiveté le contraire de ce qu'il appelle travail, n'hésitera pas à se servir de ce mot pour le soldat qui attend, en jouant aux cartes ou au foot-ball,
en fumant ou en dormant, l'heure où il lui faudra
marcher à l'assaut, s'exposer, mourir peut-être. Cela
est si vrai que beaucoup d'hommes habitués au travail, dans l'intervalle des actions, s'ennuient de
cette oisiveté tragique et que cet ennui est considéré
par les chefs comme un des plus sérieux dangers
pour le moral du soldat. Je sais bien en revanche
que beaucoup de paresseux ne s'accommoderaient
guère de cette forme d' « oisiveté ». Mais combien
aiment l'imprévu, la variété, la liberté relative de
cette existence, avec l'insouciance du lendemain !
Combien de chômeurs, et peut-être de chômeurs
volontaires, la trouvent préférable à celle qu'ils
menaient dans l'attente d'un travail incertain !
Combien même de travailleurs réguliers peuvent la
trouver plus intéressante que la monotone et morne
besogne de l'atelier, avec l'incertitude du pain quo-
tidien, la menace du terme prochain, la charge de
la femme et des enfants ! C'est bien quelque chose
que la disparition de ces soucis !

Mais surtout l'activité du soldat n'est pas un travail parce que sa paye n'est pas un salaire. C'est la dignité de son service qu'il n'est pas et ne saurait être rémunéré : on ne paye pas un homme cinq sous pour aller à la mort. Auguste Comte, il est vrai, en disait autant de tout travail humain, et sa théorie sur le travail gratuit ne manque pas de hauteur. Acheter le travail, ce serait acheter l'usure de la personne humaine ; ce serait presque, comme Shylock, acheter une livre de chair humaine vivante. La dignité du travail le met au-dessus de tout payement. Mais cette théorie, idéalement si belle, et où l'ennemi du socialisme anticipe si curieusement sur le marxisme, se heurte à bien des critiques. Quelle que soit la réalité, il est moralement et socialement salutaire que l'ouvrier ait le sentiment qu'il *vit de son travail* et non pas que la société *l'entretient* pour qu'il puisse travailler. Tout ce qui, dans son esprit, dissocie l'idée de son travail et celle de la satisfaction de ses besoins, est nuisible, non seulement à son travail, mais à l'idée même qu'il se fait de cette dignité et de cette indépendance qu'on prétend rehausser. Le laboureur qui voit pousser la moisson sur le champ qu'il a cultivé n'aimerait pas à se croire entretenu par la société ; le sentiment qu'il éprouve à recueillir le fruit de son travail est autrement sain au point de vue moral, en même temps que pratiquement plus efficace : il se sent l'auteur des biens dont il vit et fait vivre les siens. Le soldat, au contraire, sait que la nation s'est chargée de lui. Sans avoir à s'en occuper, il reçoit sa nourriture, son vêtement, son logement. Aucun rapport entre ses efforts et la satisfaction de ses besoins essentiels : c'est du dehors qu'elle lui vient.

Tout autre chose est donc de savoir risquer sa vie, tout autre chose est de savoir la gagner. Qui peut dire lequel est le plus facile ? Il est, en tout cas, des hommes qui trouveront plus aisé d'accepter ce danger que d'encourir cet effort et cette responsabilité. Car le risque est pour eux la rançon de cette espèce de sécurité qui est de n'avoir pas la charge de leur propre existence ni le souci du lendemain : ils ont la vie assurée, pourvu qu'ils affrontent la mort.

Beaucoup de ceux qui auront si courageusement mené la campagne auront donc à réapprendre le travail. La même rééducation s'imposera, peut-être plus difficile encore, à bon nombre de ceux qui sont restés à l'arrière. Les allocations ont détourné du travail beaucoup de femmes, qui se trouvent plus à l'aise qu'en temps normal ; dans bien des cas, elles refusent des places pour ne pas se voir supprimer l'allocation, supérieure aux salaires qu'elles obtiendraient. Ainsi, tandis que la main-d'œuvre s'est raréfiée, une générosité louable, mais mal réglée, a créé des habitudes fâcheuses de paresse et d'irresponsabilité. Le moratorium des loyers a mis à la disposition de bien des petits ménages des sommes relativement fortes qui leur donnent l'illusion d'une aisance inaccoutumée. On est étonné de la facilité avec laquelle on se livre à des dépenses de luxe dans les milieux les plus modestes : le maire d'Avignon en faisait la remarque pour répondre aux doléances de ses administrés qui se plaignaient de la vie chère. Qu'on entre dans les bazars, et l'on verra combien de femmes du peuple font de dépenses futiles. Les manufactures de tabac ne peuvent plus suffire à la production des cigares de luxe, dont la consommation n'a jamais atteint une telle ampleur. Heureux encore si parmi ces dépenses de luxe, l'alcool ne prenait pas une place doublement néfaste !

On a perdu l'habitude de s'inquiéter de l'avenir. D'une part, l'avenir est incertain, et toute prévision semble impossible, toute organisation de la vie, précaire. On se sent entraîné dans une tourmente où l'action individuelle paraît vaine. Et puis la solidarité sociale s'est montrée si active, si généreuse, et malgré son insuffisance, si prodigue, que certaines classes sociales se reposent volontiers sur elle et sur l'État, pour assurer leur sort après la guerre. Ceux qu'elle a particulièrement éprouvés, ceux surtout qui ont rempli une rude tâche, ont quelquefois un sentiment bien excusable que tout leur sera dû et qu'ils n'auront plus qu'à se laisser vivre. La *Gazette de Cologne* dénonçait (car tous ces faits ne sont pas particuliers à notre pays) ce qu'elle appelait la *psychose des rentes* chez les blessés en traitement. On a observé de même le peu d'empressement des mutilés à apprendre un métier nouveau approprié à leur infirmité. Certes, rien n'est

plus digne de respect, disons mieux, de reconnaissance, que ces infirmités glorieuses. Comment pourtant ne pas déplorer que des hommes à qui l'on propose un gagne-pain n'aient pour idéal que de vivre
aux frais de la communauté ? Si l'on a supprimé les
Invalides, ce n'est pas seulement parce que l'énormité
et le caractère national des armées actuelles ne per-
mettaient pas de maintenir une telle institution ;
c'est aussi pour ne pas porter atteinte au sentiment
de la responsabilité individuelle.

Chez ceux-là mêmes que la guerre laissera in-
demnes, le retour au métier sera-t-il toujours facile ?
On comprendrait, certes, qu'après deux ans de fatigues et de souffrances pareilles, le soldat aspire
moins au travail qu'au repos : *Otium divos rogat.*
M. Bazin constatait récemment que les soldats en
permission ne se voient plus que soldats, qu'ils sont
devenus les « hommes du moment » et que, en général,
« le goût du métier ne les a pas repris ». Il paraît s'en
réjouir. Mais qui ne voit que si cet état d'esprit est
peut-être utile provisoirement, puisqu'il favorise la
patience des hommes, il a aussi quelque chose d'inquiétant pour l'avenir, si surtout, avec la prolonga-
tion de la guerre, cet oubli du métier devenait dégoût
du métier ?

Il n'y a pas moins à craindre du côté de ceux que la
guerre a favorisés que du côté de ceux qu'elle a frappés.
Certains commerces ont réalisé des gains exception-
nels. Comme la hausse de tous les prix paraît un fait

naturel, et auquel tout le monde est préparé, certains en profitent pour y superposer une hausse artificielle. Là où l'ouvrier, pour compenser la cherté de vie, a majoré son salaire de 15 p. 100, l'intermédiaire majore son prix de 30 p. 100. La prétention constante du commerçant est de maintenir non pas seulement le niveau, mais le taux de son bénéfice, et de ne pas prendre sa part des charges communes. La hausse s'enfle ainsi sans limite autre que celle de la patience du consommateur et de ses ressources. Comme toute crise sociale violente, la guerre développe les effets les plus contraires en poussant au paroxysme les dispositions de chaque nature individuelle. Au front, elle suscite les dévoûments les plus sublimes, ou elle déchaîne les instincts les plus brutaux. De même, à l'arrière, elle provoque le plus admirable mouvement de générosité, chez ceux qui en étaient capables; chez d'autres, elle ne fait que rétrécir l'égoïsme et le rendre plus âpre. Elle fait éclater aux yeux de tous l'évidente fragilité de nos destinées individuelles ; mais des âmes diverses en tirent des conclusions opposées. Celle des âmes médiocres, c'est, comme déjà Thucydide le montrait à propos de la peste d'Athènes, la licence de tout faire, la hâte de jouir, ou l'avidité à profiter. La prodigalité et l'indifférence des uns encourage la cupidité des autres. Les mercantis du front ont beau jeu à exploiter à la fois l'urgence des besoins et l'incurie du soldat.

On développerait à l'infini ces conséquences morales

et économiques de la guerre. Elles se ramènent toutes à une cause fondamentale : la désorganisation et le déséquilibre de toute la vie sociale. Précisément parce que les besoins nés de la guerre elle-même sont formidables et urgents, l'incurie et le gaspillage s'introduisent partout. Ce ne sont pas ceux qui dépensent qui payent. Le régulateur économique ordinaire, l'intérêt individuel, ne joue plus normalement. C'est l'État qui domine le marché, et au moment même où il est exposé à plier sous le faix de charges inouïes, il semble disposer de ressources illimitées. On parle de milliards comme autrefois de centaines de millions. Comment ce raisonnement ne s'installerait-il pas chez beaucoup d'esprits simplistes, que quelques milliers de francs gâchés ne sont qu'une goutte d'eau dans cet océan ? Qu'est cela quand un cuirassé de 60 millions sombre en quelques minutes, quand le pays réunit quinze milliards en quinze jours ? Comment, chez tous ceux dont la guerre a désorganisé la vie économique et qu'elle a déshabitués de la responsabilité, cette arrière-pensée ne surgirait-elle : l'État paiera ?

Quelle rééducation s'imposera donc après la guerre, au point de vue économique, dans presque toutes les classes sociales !

IV. — La vie civique ne pose pas de moindres problèmes, surtout dans un pays démocratique. Il s'agit de reconstituer les libertés normales et surtout d'en réapprendre l'usage. La guerre, avons-nous déjà remarqué, est en contradiction avec la plupart des conditions de la vie démocratique. Un régime de discussion et d'opinion publique est mal assorti aux nécessités d'une action rapide, massive, astreinte à une préparation secrète et à une détente imprévue. L'initiative et le contrôle, qui sont les deux principaux aspects de l'activité démocratique, sont donc réduits au minimum. La grande masse des électeurs est absente, toute à l'œuvre de la défense, soustraite à la domination des partis, mais aussi dépouillée de toute influence. Chez ceux qui restent, le droit de critique est étroitement mesuré, et même les compétences sont rarement appelées en consultation. Ainsi la masse perd l'habitude de s'intéresser à la chose publique, et les meilleurs citoyens, si leur charge ne les y appelle pas, ont le sentiment de leur impuissance. Nombre de questions restent d'ailleurs forcément en suspens, parce qu'elles feraient renaître les querelles de parti, tandis que d'autres sont résolues d'office. La stricte application des règles qui garantissent les droits professionnels devient impossible ; la revendication en paraîtrait inopportune et d'un particularisme presque odieux au sentiment du devoir civique présent.

Ce n'est pas seulement le contrôle politique normal qui s'affaiblit ou disparaît, c'est aussi dans une large mesure celui de l'opinion publique. Du haut en bas de l'échelle est désorganisée cette constante surveillance de chacun par tous qui est une des conditions essentielles de l'équilibre social et même de la vie morale : ne tient-elle pas lieu de conscience à beaucoup d'âmes dont la moralité reste superficielle et pour qui « l'œil de la conscience » est plutôt au dehors qu'au dedans ? Le « temps de guerre » est une excuse toute prête dont usent et abusent les particuliers négligents et les administrations défaillantes ; elle couvre les bénéfices scandaleux ou les abus de pouvoir manifestes. Ainsi, tandis que les obligations des gouvernants s'étendent et s'aggravent jusqu'à menacer le droit, d'un autre côté le devoir se relâche et la conscience individuelle se détend faute d'être sans cesse ranimée et redressée par l'opinion sociale. L'autorité s'enfle jusqu'à l'arbitraire, la liberté dégénère en licence.

C'est donc l'éducation de la liberté disciplinée de la vie normale qu'il s'agira de reprendre avec plus de soin que jamais. En un sens, l'individu est aujourd'hui paralysé, presque annulé ; mais, par cela même, il est aussi, à d'autres égards, libéré, abandonné à lui-même, dégagé d'une foule de liens sociaux. Aussi peut-on entrevoir que dans la trêve des partis un double mouvement se prépare : les uns sont disposés à saisir l'occasion de développer un système de gouvernement plus autoritaire, qui a leurs préférences ; les autres, peut-être d'une façon moins consciente qu'instinctive, tendraient à conserver le laisser-aller dont ils ont profité à l'heure de la crise, à rendre définitif, par exemple, le bénéfice de la suspension des contrats (moratorium), l'allégement de charges dû aux œuvres de solidarité. Mais la vraie liberté démocratique ne trouverait son compte d'aucun des deux côtés. Car ce qu'elle implique précisément, c'est une discipline des consciences assez forte pour soutenir l'usage de la liberté extérieure, et une liberté intérieure assez courageuse et assez désintéressée pour empêcher la discipline sociale de se tourner en servitude ; dans chaque individu, le sens de la vie collective ; dans la collectivité, le respect de la personne.

Un tel équilibre est difficile et ne peut s'obtenir que par une longue éducation. Cette éducation ne faisait guère que commencer dans les milieux les plus avancés de l'Europe. On peut craindre que la guerre déchaînée par des Gouvernements despotiques ne soit venue l'interrompre et en compromettre les premiers fruits. Car non seulement elle en suspend le cours normal, mais elle risque de rendre beaucoup de nos contemporains infidèles à cet idéal ou moins confiants dans sa valeur pratique et dans sa réalisation. Combien, en effet, la réalité est éloignée de la démocratie, combien, là même où les principes en étaient acceptés, ils étaient pratiquement faibles, c'est ce que la guerre présente aura fait sentir au delà de ce qu'on aurait pu prévoir. L'impuissance des peuples à l'égard des Gouvernements est une des expériences les plus douloureuses de cette grande crise. Je ne parle pas seulement de l'Allemagne, où de longue date l'absence d'esprit critique et la servilité native de la race développées par une éducation oppressive, ont détruit toute autonomie au profit d'un despote et d'une caste dominatrice. Mais, d'une part, aucune des races opprimées, Tchèques, Croates, Alsaciens-Lorrains, Roumains, Italiens, Danois, n'a pu aider à sa propre libération ni même faire entendre sa voix. Elles l'eussent fait sans nul doute et avec quelque succès au temps où les populations pouvaient utilement s'armer de piques et de faux. Mais la puissance des moyens militaires dont les Gouvernements ont conservé le monopole a rendu vaines aujourd'hui de pareilles tentatives ; et ainsi le pouvoir des Gouvernements sur ou contre les peuples est devenu en fait beaucoup plus fort qu'au temps où il passait pour absolu. Les « trognes armées » dont parle Pascal sont maintenant autrement puissantes pour « faire trembler les plus fermes », et nous avons ce spectacle paradoxal que jamais les peuples n'ont été plus durement asservis qu'en ce temps où c'est le peuple tout entier qui fournit la force armée. D'un autre côté, les roitelets d'Orient, qui n'ont même pas cet avantage et ce titre d'appartenir à la race qu'ils gouvernent, manquent à leurs engagements internationaux avec le même sans-gêne que des empereurs violent impunément les constitutions, truquent ou répriment toute expression de la volonté populaire, élaborent dans le mystère de leurs chancelleries corrompues une politique indifférente au vœu et aux destinées des peuples auxquels une diplomatie surannée a eu l'audace de les préposer.

A ce point de vue encore, la guerre présente risque de faire rétrograder la conscience publique dans toute l'Europe, et même chez les peuples dont la cause représente précisément ces principes de justice et de liberté dont la démocratie n'est que le corollaire.

*****

Je m'arrête ici, sans méconnaître qu'il y aurait bien d'autres points à toucher. J'ai par exemple laissé de côté le trouble apporté par la guerre dans la vie de la famille, la séparation des femmes et des maris, l'affaiblissement de l'autorité éducatrice causée par l'absence des pères. Ce sont des questions bien délicates. J'en ai dit assez pour faire comprendre qu'il convient d'envisager sans illusion et sans faiblesse la nécessité d'une sorte de restauration morale après la guerre. J'ai appelé l'attention sur le problème et sur les difficultés, parce que tel était mon but. Mais il serait aisé de trouver aussi de sérieuses raisons de prendre confiance, et de découvrir, à côté des dangers, bien des forces sur lesquelles il est possible de compter pour peu qu'on sache les mettre à profit.

Le rétablissement de la paix, le retour à la vie normale sera accompagné d'une telle détente, d'un si profond soulagement, que les bonnes volontés seront sans doute prêtes aux tâches nécessaires. Il est difficile de penser que d'aussi rudes leçons soient perdues. Celui qui trouvait qu'un enfant coûte cher à élever

peut mesurer aujourd'hui si la guerre, même pour
lui en particulier, est plus économique. Ceux qui, au
mépris de l'intérêt général, n'avaient pas craint, dans
un étroit égoïsme corporatif, de déchaîner les désordres dans les Services publics, peuvent sentir à quelles
catastrophes ils risquaient d'exposer le pays en cas
d'agression étrangère ; et tels de ceux dont l'action
ou les idées avaient inspiré les plus légitimes inquiétudes ont clairement montré qu'ils ne concevaient
pas la cause de leur idéal séparée de celle de la France.

On peut donc espérer d'heureuses réactions spon-
tanées. Avouons d'ailleurs que l'emploi accidentel de
le manière forte, que les circonstances ont imposé,
peut aussi avoir sa valeur. Il n'est pas dit que l'éducation de la démocratie, comme celle de l'enfant, ne
comporte jamais de contrainte. Je pense ici à l'alcoolisme. Car dans cette question la certitude et la nature
du mal sont telles qu'on ne saurait sans quelque honte
y invoquer la liberté ; et ceux-là seuls le font qui ont
besoin d'un prétexte honorable pour couvrir le plus
égoïste des intérêts. Nous sommes même absolument
convaincu que l'immense majorité du pays serait
avec les hommes assez énergiques pour le débarrasser
du fléau *manu militari*, quoi qu'en pensent ceux qui,
dans de si pressantes nécessités, jettent encore un
regard inquiet vers leurs circonscriptions. Ne peut-
on, dans cette lutte, fonder quelque espoir sur une
force nouvelle ? Les femmes, au cours de cette guerre,
ont tenu une si belle place soit dans les œuvres d'as-

sistance, soit dans la vie économique ou administrative du pays, qu'on peut en espérer pour elles un accroissement d'influence, et cette influence, à notre avis, ne peut être que profitable à la nation. La femme, dans les pays où elle compte, — et elle a toujours beaucoup compté en France, — est une inestimable puissance éducatrice. Dans toutes les questions qui intéressent le salut de la race, la moralité, l'assistance, son action serait précieuse. Ce n'est pas d'un large accès de la femme aux fonctions économiques ou administratives qu'on peut espérer un réel avantage, car elles l'arrachent précisément à son rôle normal. Mais c'est son action sociale, et peut-être même politique, dont l'accroissement et l'organisation seraient sans doute désirables, complément naturel d'une plus véritable démocratie.

Ainsi, pour ces victoires sur nous-mêmes dont nous avons parlé, il ne manque pas de forces disponibles. Il s'agit seulement de les reconnaître, de les éveiller, de les mettre en œuvre. Encore faut-il d'abord regarder en face les difficultés. Nous savons bien aujourd'hui que ce n'est pas en ignorant l'adversaire qu'on a des chances de l'abattre. On nous pardonnera donc si quelques-unes des analyses qui précèdent ont pu paraître pénibles ou certaines constatations douloureuses. Il n'y entre pas le moindre pessimisme ni la moindre hésitation sur la valeur de l'idéal de liberté démocratique et de progrès qui est essentiel à la conscience française. Malgré tant d'apparences défavorables et de formidables obstacles, aucun doute n'effleure l'esprit de notre pays sur l'issue de cette guerre gigantesque. Cette confiance presque paradoxale fera de son espérance une réalité. Étendons au domaine moral et politique ce même état d'esprit, et là aussi nous serons maîtres de nos destinées.

VI

LES VICTOIRES
NÉCESSAIRES DE LA PAIX [1]

I. — La guerre, qui a dévasté la terre de France,
réduit tant de nos villes et de nos villages à l'état de
décombres, qui a même fait de notre sol, en trop d'en-
droits, un désert inhabitable et infécond ; la guerre
qui a semé le deuil dans presque toutes les familles et
fait un vide si cruel dans presque tous les foyers français ; la guerre qui a ainsi détruit une somme incalcu-
lable de richesses matérielles, produit d'un immense
labeur, et qui a détruit aussi les forces humaines elles-
mêmes, sources de toute richesse, a fait encore d'autres
ruines, invisibles celles-là et qui échappent, non
seulement aux yeux, mais à la réflexion de la plupart des hommes, ruines d'autant plus désastreuses

(1) Conférence faite à la *Ligue française d'éducation morale*, le
4 mai 1919.

que précisément on ne les voit pas, qu'elles ne peuvent émouvoir aussi aisément nos sensibilités grossières et émoussées, et qu'on ne sait trop non plus jusqu'où elles s'étendent ni comment elles pourront être relevées. Je veux parler des ruines morales qu'ont accumulées dans nos consciences cinq années de bouleversement social sans exemple dans l'Histoire par la durée, la généralité et la profondeur de son action désorganisatrice.

Un ordre social établi et reconnu, si médiocre même qu'en soit la valeur morale et la justice intrinsèques, est, sinon le fondement dernier et profond, du moins le point d'appui et, si l'on veut, l'armature principale de la conscience humaine chez la masse des hommes. Par cela même qu'il est un ordre, qu'il implique une discipline, exclusive de l'arbitraire et de la fantaisie individuelle, par cela même surtout que cet ordre oppose aux abus des forces particulières une force impersonnelle qui les domine toutes, l'ordre social de l'état de paix permet aussi, dans chaque conscience, l'établissement progressif d'une organisation des désirs et tend à y faire prévaloir la volonté la plus profonde et la plus stable sur les caprices de la passion. En nous garantissant dans une certaine mesure contre les surprises des caprices et des passions d'autrui, en nous permettant de prévoir et de savoir sur quoi compter, l'ordre social nous incite à subordonner chaque moment de notre vie à une vue d'ensemble et à établir aussi un ordre durable dans notre existence particulière. C'est déjà la forme et le commencement de la moralité, tout au moins sa condition psychologique essentielle.

La guerre, au contraire, par cela seul qu'elle est, en un sens, l'avènement de la force, la négation de rapports juridiques et contractuels entre les hommes, alors même que cette rupture ne se produit, théoriquement, qu'entre deux collectivités, apparaît comme un principe général d'injustice, qui ne peut manquer de rayonner dans toutes les directions. La guerre est l'organisation de l'injustice, si ces deux mots ne jurent pas de se trouver accouplés. Cela étant vrai de la guerre en général, est encore bien plus vrai de la dernière guerre. D'abord parce que, bien plus profondément que toute autre, elle a engagé l'ensemble des populations, et qu'elle a plus complètement modifié les rapports normaux de tous les hommes; mais aussi parce que, plus qu'aucune autre, cette guerre voulue a développé la logique de la guerre. En violant les traités, les conventions, les usages même de la guerre, et jusqu'aux principes communs de l'humanité la plus élémentaire, en provoquant chez ses ennemis, qui s'y refusaient d'abord, des pratiques analogues, rendues nécessaires comme représailles, l'Allemagne, convaincue qu'elle échapperait à toute sanction par la victoire, a mis à nu la véritable essence de la guerre. Certes, pour suivre ainsi jusqu'au bout une telle logique, pour oser substituer aussi complètement le principe de violence et d'injustice au principe du droit et de la sociabilité humaine, pour oublier à ce point en face de l'ennemi toutes les habitudes morales requises par la vie sociale normale, et les conventions même de la guerre, il a fallu que la volonté allemande fût viciée jusqu'à la moelle : c'est ce qu'ont vivement senti nos amis américains, et c'est ce qu'ils ont exprimé, dans le langage biblique qui leur est familier, en découvrant dans l'esprit allemand quelque chose de satanique. Mais il faut au moins reconnaître qu'en se comportant ainsi, le germanisme a été dans la logique de la guerre d'agression et qu'il a été, si l'on peut s'exprimer ainsi, dans la vérité du Mal. Si la raison, indifférente aux principes, n'était rien de plus que la rigueur dans les déductions, on devrait dire que l'Allemagne a eu « raison ». Elle nous a appris la véritable nature de la guerre. En vain nous lui opposions la sainteté des engagements, les scrupules de la conscience, les exigences de l'humanité, pour restreindre et refréner l'action guerrière : de tels principes sont étrangers à l'essence de la guerre. Ainsi la guerre, et la guerre allemande, la guerre « absolue », ne peut manquer d'avoir fait subir à la conscience morale une profonde régression.

Cette régression est d'autant plus redoutable que tout l'acquis scientifique et industriel de la civilisation reste intact et qu'il s'est même accru. L'aviation, la télégraphie sans fil, les ressources de la chimie et maintes autres formes du pouvoir de l'homme sur la matière, ont fait des progrès pendant la guerre et par elle, tandis que s'abaissait presque sur tous les points le niveau moral. Que l'homme soit devenu en même temps, et sous les mêmes influences, plus puissant et plus mauvais, n'est-ce pas un fait inquiétant pour l'avenir ? N'est-ce pas une situation analogue à celle qui rend si dangereuse, dans les colonies, l'importation de ce que nous appelons la civilisation, avec l'alcool et les armes à feu, chez des peuples barbares, dont la volonté morale n'est pas encore bien formée et n'a pas reçu une éducation adaptée à de nouvelles tentations, dans un milieu social encore mal policé ? N'est-ce pas un déséquilibre semblable dont les conséquences désastreuses éclatent aujourd'hui dans la malheureuse Russie : une masse sociale inculte, ignorante, misérable, non instruite à se discipliner elle-même, juxtaposée à une aristocratie corrompue, qui de la civilisation a surtout emprunté les raffinements vicieux ; entre les deux, une caste intellectuelle, l'*intelliguentsia*, brusquement séduite par les conceptions les plus « avancées », dominée par des théories sans consécration expérimentale, et qui travaille sur un dogme absolu, docile à toutes les passions, réfractaire à toutes les raisons, sur des abstractions que n'équilibre pas le contrepoids de la conscience et du bon sens lentement formés par la pratique ? La guerre, en troublant profondément les habitudes et l'ordre normal, alors qu'elle laisse subsister, d'une part, toutes les acquisitions économiques avec toutes les tentations qu'elles impliquent, d'autre part, toutes

les idées générales élaborées par des théoriciens irres-
ponsables, qui ont travaillé en chambre, sans être
constamment modérés et limités par les exigences de
la réalité et de l'action, ne va-t-elle pas nous avoir
placés dans des conditions assez analogues ?

Nous n'osons pas penser à ce que fût devenu l'ordre
moral et politique du monde si l'Allemagne eût été
victorieuse. Mais il n'est pas douteux què, même
alors, elle eût souffert la première des puissances
mauvaises qu'elle avait déchaînées et qu'il ne lui eût
pas été facile de faire rentrer dans l'ordre. Dès avant
sa défaite, sa presse même avait signalé l'affaiblissement chez elle de la discipline intérieure, la diminution de la conscience professionnelle, le développement du luxe, de la cupidité, des fraudes de toutes
sortes, la prétention de tous ceux que la guerre avait
atteints physiquement à vivre des rentes servies par
l'État, enfin la multiplication des divorces, des sui-
cides et de la criminalité juvénile. Et l'Allemagne se
considérait alors comme victorieuse et elle en avait
toutes les apparences. Défaite, elle a immédiatement été déchirée par toutes ces forces de désordre
qui sont l'âme de la guerre, tournées contre la
nation même qui l'avait suscitée, aussitôt qu'elles
eurent cessé d'être polarisées par la haine de l'étranger : esprit de conquête, de domination, de pillage et
de brutalité sans frein. L'assassinat politique s'est
donné carrière, le chômage est devenu volontaire et
endémique ; aucune des leçons de la guerre n'a été

perdue, et, pour tout dire, la guerre civile a remplacé l'autre, qui en a été l'école.

Mais nous-mêmes, n'avons-nous rien à craindre de ces leçons, et parce que nous sommes vainqueurs de l'Allemagne, avons-nous entièrement vaincu l'esprit démoniaque dont nous parlions tout à l'heure ? La victoire extérieure suffit-elle à éliminer tous ces ferments de dissolution que la guerre a dû semer même chez celui qui n'a fait que se défendre, même chez celui dont la cause était juste, même chez celui qui, en triomphant, a fait triompher les principes du droit, de la liberté et de la sociabilité humaine ?

A cette angoissante question, il faut avoir le courage de répondre : non. D'autres victoires sont encore nécessaires pour que nous puissions cueillir les fruits de la première, pour que la victoire militaire devienne réellement une victoire de la civilisation. La paix nous appelle à de nouveaux efforts, à de nouvelles luttes contre les ennemis intérieurs, contre des ennemis cachés, avec lesquels nous n'avons que trop volontiers commerce et avec qui nous entretenons des intelligences coupables, loin qu'une haine salutaire nous aide à les combattre : je veux parler de toutes les forces de vice, de toutes les tares sociales et morales que la guerre a développées et que, par certains côtés, la victoire elle-même peut encourager.

II. — Un éminent historien italien, M. G. Ferrero, pense que la guerre présente a, suivant la formule nietzschéenne, renouvelé toutes les valeurs et qu'une véritable reconstruction de l'Europe va devenir nécessaire. Suivant lui, l'explosion de la guerre n'a elle-même été que le suprême déchaînement de certaines tendances malfaisantes qui animaient notre civilisation moderne et qui en étaient comme le mauvais génie. C'était surtout la frénésie du gain toujours accru, et du lucre sans frein ; le besoin de domination et l'ambition de s'élever sans cesse au-dessus de sa condition et au-dessus des autres ; l'appétit insatiable de luxe, de confort, de jouissances de toutes sortes ; enfin, la prépondérance du souci de la quantité sur celui de la qualité. L'Allemagne, avec son mercantilisme, son dumping, son inflation industrielle débordant ses besoins, sa recherche de la domination, son amour du colossal et son culte de la force, représentait sans doute au plus haut point, sans mesure et sans équilibre, les tendances ici dénoncées par l'écrivain italien. Mais si elle les exagérait jusqu'à la caricature, cependant elle n'en souffrait pas seule, ou plutôt elle n'était pas seule à en faire souffrir les autres. Dans l'Allemagne terrassée, seraient-ce donc, suivant la pensée de Ferrero, ses propres tares que la civilisation européenne aurait vaincues ? Il faudrait le souhaiter. Pourtant cela revient à dire que, sous la domination de ces tendances, l'état de paix lui-même n'était qu'un état de guerre latent, comme l'avait indiqué notre profond penseur français Renouvier. Mais alors comment la défaite de l'Allemagne pourrait-elle suffire à les avoir annihilées ?

A vrai dire, on se demande si les tendances ainsi dénoncées par Ferrero ne sont pas celles mêmes dont les économistes ont si souvent fait l'apologie. Le développement et la diffusion des besoins sont le grand ressort de l'activité productrice. L'ambition de s'élever au-dessus de sa condition, l'effort pour réaliser un *standard of life* toujours plus haut, ont leur valeur et même leur noblesse ; nous les louons volontiers chez nos amis américains, en critiquant la mollesse et la résignation avec lesquelles nous nous contentons si souvent, en France, d'une existence étriquée et médiocre. La concurrence stimule sans cesse l'ingéniosité, l'initiative et l'esprit d'invention. L'ampleur sans cesse grossissante de la production, la recherche de la *quantité* est aussi une condition d'une production rationnelle, qui économise l'effort humain, et qui seule permettra aux foules, avec de légitimes satisfactions, des loisirs profitables à une vraie culture humaine. En un moment où il n'est question que de fabriquer en série, de standardiser et de tayloriser toute production, où les désastres mêmes de la guerre ont rendu plus nécessaires que jamais ces améliorations quantitatives de l'organisation industrielle, comment pourrait-on accueillir, au nom d'exigences morales plus ou moins vagues, une protestation contre ces nécessités impérieuses de la reconstruction sociale ? Et si enfin nous croyons pouvoir stigmatiser, comme une exagération des tares naturelles de notre civilisation moderne, le mercantilisme et l'industrialisme forcenés de l'Allemagne, comment ne pas voir que c'est l'Amérique, amie et auxiliaire si précieuse dans la lutte pour le droit, qui en a la première donné l'exemple, qui la première a su voir grand en matière d'industrie et faire toute chose dans des proportions qui nous paraissent énormes, l'Amérique qui, en instituant entre tous les producteurs une course au dollar sans précédent, a réussi du même coup à généraliser d'abord chez le plus grand nombre la dignité dans l'aisance, et aussi à doter le plus magnifiquement toutes les institutions sociales de science ou d'éducation, et jusqu'aux temples mêmes de la paix future ?

Comment donc le bien est-il si près du mal, comment ont-ils à ce point même figure, qu'on puisse dénoncer comme la tare profonde de notre civilisation, et comme le germe premier de la guerre, ce qui, sous un autre aspect, semble être la force et même l'honneur du monde moderne ? Que nous puissions faire à nos ennemis un grief de ce qui a fait la puissance et la grandeur de nos alliés ? Qu'enfin nous soyons mis en défiance, pour le rétablissement de la vie pacifique et de l'ordre social régulier, contre ce que cette existence nouvelle, rebâtie sur les ruines de la guerre, va requérir plus impérieusement que jamais ?

Il y a là un paradoxe dont la solution doit nous instruire et nous guider. Et comme toujours, plus le paradoxe est gros et plus il est aigu, plus la solution doit en être simple et proche de nous. Dès longtemps la sagesse grecque nous a avertis que les choses extérieures, les forces quelconques dont nous disposons, ne sont pas des biens par elles-mêmes, mais peuvent devenir des biens ou des maux suivant l'usage que nous en faisons, et par conséquent suivant l'inspiration qui en dirige l'emploi. C'est dans l'esprit, et tranchons le mot, dans la conscience, qu'est ce principe invisible. La même machine conduira le navire au port où l'abîmera contre un récif, suivant que le gouvernail sera bien ou mal tenu. Mais ne l'oublions pas, il faut que le navire marche pour que le gouvernail agisse, et il faut que le gouvernail soit solidement fixé au navire. La conscience ne fera rien d'utile sans ces forces d'impulsion qui caractérisent la vie économique intense de nos sociétés, et elle ne fera encore rien d'utile, si, par je ne sais quelle pudeur mal placée, elle rougit de s'y mêler.

La multiplication et l'extension des besoins ne sont pas un mal par elles-mêmes. Ce qui est un mal, c'est que nous perdions le sentiment exact de leur hiérarchie. Il faut une forte éducation pour apprendre à mettre chacun d'eux à son rang et le contenir dans sa juste place. On juge assez bien la valeur d'un homme par les formes de son luxe.

On a parlé de cupidité et de course au dollar. Mais on a remarqué que les plus fameux *dollar makers* savaient donner comme ils savaient acquérir, que l'argent n'était pas pour eux un but, mais un moyen et une force sociale. Celui qui a une fortune n'est pas estimé parce qu'il éblouit, ni admiré ou même envié parce qu'il jouit. A sa richesse acquise, ce qu'on mesure, c'est son activité. A quelle condition cette mesure sera-t-elle juste? Il dépend d'une bonne éducation de la masse que les plus hautes rémunérations aillent aux activités qui ont la plus grande valeur sociale.

La puissance de la production est-elle une chose méprisable ? Elle a un prix réel si, en même temps qu'elle donne à tous l'accès au travail, elle leur donne l'accès à une forme de vie plus décente et plus vraiment humaine, si elle est organisée de manière à soulager l'homme physique au profit de l'homme moral, comme elle est elle-même intéressée à le faire.

Enfin l'ambition est un bien, elle est même un devoir, si elle est la tendance de chacun à remplir toute la sphère de ses aptitudes, à employer complètement ses forces pour accomplir tout le travail social dont il est capable. La société tout entière est intéressée à ce plein rendement de toutes les activités. C'est seulement lorsque l'ambition, au lieu de s'appuyer sur l'effort, s'appuie sur la flatterie et sur la faveur, lorsque, au lieu de marcher la tête haute vers un but avoué, elle s'insinue obliquement et en rampant vers les postes convoités, quand, en un mot, elle n'est plus qu'un vil arrivisme, qu'elle devient une des formes les plus odieuses de l'injustice et du parasitisme, une cause d'abaissement général des caractères et du niveau social,

Ne nous hâtons donc point de condamner les formes caractéristiques de la vie moderne, telles qu'une évolution naturelle les a développées. A prendre les choses en gros, elles n'ont peut-être pas pour essence des principes purement négatifs de concurrence et de lutte, mais les principes positifs et solidaires du travail généralisé et de la liberté pour tous. Que ces principes aient pu dévier, justement parce que cette évolution a été plus fatale que voulue, cela est bien certain. L'Économie politique classique (et en cela Ferrero aurait raison) a été trop optimiste et trop fataliste ; elle a eu trop de confiance dans l'excellence des « lois naturelles » de la production et de l'échange. Elle n'a pas asssez senti combien ces lois, toutes relatives d'ailleurs, étaient impuissantes à remplacer la morale, et combien il restait nécessaire, — et possible, — de les subordonner aux principes supérieurs de la conscience. Mais si une doctrine d'éducation morale prétendait s'inscrire en faux contre un mouvement de civilisation qui a peu à peu conquis toute la terre, contre ce qu'on pourrait appeler l'européanisme, elle n'obtiendrait aucun crédit et serait forcément réduite à l'impuissance.

Notre morale ne s'est que trop tenue à l'écart des transformations de la vie sociale ; elle ne s'est que trop renfermée dans une tour d'ivoire où, isolée de la vie politique, de la vie économique, de la vie professionnelle, elle laissait sans règle la plus grande partie de la vie réelle des hommes, et semblait renoncer à y étendre sa souveraineté. Reine fainéante et plus que constitutionnelle, elle est censée régner, mais elle ne gouverne plus. Pour ne vouloir penser qu'à l'homme et à l'âme, elle reste sans action sur le politique, sur le citoyen, sur le financier, sur le fabricant, sur le marchand, sur l'ouvrier, qui recouvre chaque homme et chaque âme jusqu'à les cacher aux regards du commun. Elle a laissé trop souvent accorder le diplôme d'honnête homme à celui qui ne prendrait pas un sou sur une cheminée, mais qui vole dix francs sur un comptoir ou cent mille derrière un guichet, ou cinq milliards sur un champ de bataille.

Voilà donc, ce me semble, la première leçon que nous donne cette guerre ; voilà la première restauration radicale qu'il nous faut essayer, et je dirai la première victoire que la morale elle-même ait à remporter sur ses propres traditions, sur ses faiblesses et sur ses pharisaïsmes. C'est qu'elle apprenne enfin à se mêler à la vie, à en pénétrer les fonctions telles que l'évolution les a faites, à en inspirer les activités positives. Le temps du divorce entre la conscience et l'ordre extérieur du monde social est passé. C'est ce divorce qui est réellement le vice radical de notre civilisation. C'est en ce sens qu'elle était déjà en elle-même infectée d'un esprit de guerre. C'est en ce sens que la guerre a été comme l'éruption terrible et douloureuse de ce virus : la guerre, c'est-à-dire la force et le calcul à ce point dépouillés de toute inspiration humaine qu'ils se dressent contre l'homme, la coalition de l'in-

telligence sans cœur et de l'indifférente matière contre
l'idéal et contre l'âme même de l'humanité.

Qu'est-ce à dire, sinon que c'est d'esprit social qu'il
faut pénétrer le nouveau monde de la paix et que la
victoire décisive à remporter, c'est la victoire de l'esprit social sur l'égoïsme, sur cette forme si commune
et si basse d'individualisme où chacun considère la
société non comme un atelier où il faut apporter son
travail, expert et loyal, mais comme un garde-manger
où l'on peut puiser gratuitement, ou encore, pour
parler l'argot du jour, comme une mine où il s'agit de
trouver le filon, mais en y faisant piocher les autres.
Cette victoire-là, ce serait, dans la campagne de la
paix, notre bataille de la Marne, après laquelle le
démoniaque envahisseur ne peut plus avoir que de
vains sursauts. Après la guerre absolue, ce que nous
voudrions enfin, c'est la paix absolue, au dedans
comme au dehors.

III. — Mais, pour mieux comprendre la nécessité
de cette campagne, ayons le courage de jeter un coup
d'œil impartial et sans fausse indulgence sur l'état
moral engendré par la guerre : nous serons atterrés
de la profondeur du mal.

Comment d'abord les habitudes prises dans les rapports avec l'ennemi lui-même ne laisseraient-elles
aucune trace ? La guerre a enseigné le pillage, l'incendie, la destruction voulue des biens, et non seulement des biens ennemis, mais de nos propres biens
quand il fallait les soustraire à l'ennemi. Elle a enfin

et surtout enseigné le meurtre, non seulement le meurtre lointain, inaperçu, anonyme, mais le meurtre individuel : qu'on songe à l'horrible opération qu'on a appelée par euphémisme le nettoyage de la tranchée. Écoutez ce propos effrayant de soldats, entendu en wagon (et j'adoucis les mots crus) : « Depuis deux ans que nous luttons, nous avons pris l'habitude... Quand ce sera fini, qu'on ne vienne plus nous embêter ; nous casserons la figure au premier venu ; on sait maintenant comment se règlent les affaires. » D'autres, il est vrai, car les âmes diverses ont des réactions diverses, font le silence sur ces horribles exploits ; on ne peut leur en arracher le récit ; ils ont fait en conscience leur terrible devoir, mais, sortis de la mêlée, ils ont tenu à redevenir les hommes qu'ils étaient avant de le remplir. Il faut pourtant des âmes bien charpentées, et dont les catégories morales soient solidement arrimées dans leurs compartiments étanches, pour que leur conscience ne chavire pas sous de pareils assauts. Ce qui du moins était presque inévitable, c'est qu'après de si affreuses hécatombes, le sentiment du prix de la vie humaine ait baissé, et que, au moment où elle devenait plus précieuse que jamais, on en ait fait moins de cas, même en dehors de la bataille ; qu'importe un homme de plus ou de moins, quand tant de centaines de mille étaient fauchés... ? Quelle ruine morale est comparable à ce mépris de l'existence humaine ?

A plus forte raison pour les biens matériels. Au

milieu d'aussi effroyables destructions, de dépenses de guerre aussi colossales, comme toutes les valeurs baissaient ! A quel gaspillage nous avons assisté ! Nous manquions d'essence pour descendre dans nos abris, mais dans les garages militaires on lavait les voitures en crevant les bidons. Nous manquions de papier, mais on brûlait dans les poêles des ambulances des milliers de kilos de coton qu'un traitement chimique élémentaire et économique eût permis de rendre aux usages industriels. Comment éviter l'incurie de la part d'hommes assurés d'être toujours pourvus du nécessaire, sans effort, sans paiement, sans contrôle ? Le sentiment même du tien et du mien disparaît : un officier envoie une auto militaire et des électriciens de l'armée poser l'électricité dans son château ; un autre s'empare d'une auto réquisitionnée, la remise dans son garage et prétend la garder pour son usage personnel : il est tout étonné de passer en conseil de guerre. Le militaire, en guerre, ne vit-il pas sur le civil ? On raisonne du terme collectif au terme individuel : les besoins de l'armée doivent passer avant tout, donc tout est dû à moi, militaire.

Sur bien d'autres points la guerre a étendu cette éducation à l'envers. Tandis que nous faisions des efforts multipliés pour débarrasser le pays du fléau de l'alcoolisme, le front instituait un véritable culte du « pinard » et de la « gniole ». J'ai vu un père de famille alarmé de voir son fils, élevé dans la sobriété d'une bonne famille bourgeoise, prendre goût à l'alcool régulièrement distribué. Je passe sur d'autres encouragements au vice dont il me serait difficile de parler en termes décents, et qui, sous l'estampille officielle, instituaient, non pas la tolérance, mais la provocation. Et toutes ces tentations assaillaient des volontés que l'incertitude du lendemain, la perspective continue de la mort rendaient encore plus vacillantes.

Sous la rigueur, toute relative du reste, de la discipline militaire, l'universelle désorganisation de l'ordre normal détraquait toutes les disciplines habituelles de la vie civile. Tous les rangs, toutes les hiérarchies, toutes les compétences se trouvaient bouleversées. Un agent d'assurance avait autorité pour choisir des chefs électriciens. Un organiste coltine des sacs sur les quais de Puteaux. Un juriste, a-t-on raconté, est préposé à la charcuterie parce qu'il a collaboré au Code Tripier (ceci pourrait bien être une plaisanterie de journaliste, mais qui a au moins la vérité d'un symbole ; tous mes autres exemples sont authentiques). Un professeur de la Faculté de Paris est sous les ordres d'un vieux major de régiment qui depuis vingt ans ne fait plus d'autre médecine que celle de la visite quotidienne. Un ingénieur diplômé de deux écoles supérieures se voit commander la corvée de pommes de terre par un ouvrier galonné. Comment, dans de pareilles conditions, pourrait se maintenir ou se former, pour le temps de paix, une exacte discipline de coopération et de respect ?

La vie civique a profondément pâti de cette éducation renversée du temps de guerre. Loin de s'appuyer sur l'opinion publique et de la former, tous les gouvernements successifs ont pris à tâche de la maintenir dans l'ignorance et dans l'apathie. On l'a systématiquement anesthésiée. On s'est peut-être privé d'une grande force et l'on a diminué l'autorité du pays en face de l'étranger ; mais c'était plus sûr ét surtout plus commode. Du haut en bas, on a ainsi organisé l'irresponsabilité ; on a voulu conduire la démocratie à la victoire en la forçant à abdiquer. Défense de critiquer, défense de révéler les fautes et les maladresses, ou même les malversations. Le silence, l'échoppage, le huis clos, couvrant indifféremment les erreurs de l'autorité et les secrets indispensables vis-à-vis de l'ennemi ; la Nation traitée en mineure, cette Nation qui a triomphé pour établir le droit des Nations à se gouverner elles-mêmes !

L'irresponsabilité s'irradie. Tout est prétexte à chacun pour ne pas remplir sa tâche. Le télégraphe accepte les dépêches à la taxe augmentée, mais les expédie comme lettres. La guerre est l'excuse de toutes les incuries et de toutes les indifférences. On ne sait plus ce que c'est qu'un engagement ; le moratorium a persuadé bien des gens que la guerre rompait les contrats à l'intérieur comme au dehors.

Tout l'ordre économique est bouleversé, la production est transformée ou paralysée, l'équilibre des échanges et celui des fortunes devient précaire. Réquisitions, taxations, interdictions de produire, de vendre,

d'importer ; les engagements commerciaux devenus
impossibles, les prix instables et arbitraires. Comme
le soldat à la tranchée, la société vit au jour le jour ;
on prend l'habitude du désordre, de l'imprévoyance,
du manque de parole. Systématiquement découragés
de s'intéresser aux affaires publiques, les simples
citoyens n'ont que deux issues, suivant leur tempé-
ramment : tandis que les uns participent à la tension
patriotique des esprits en se dévouant aux œuvres,
le plus grand nombre se rue à la poursuite des jouissances et des profits personnels. Et ce sont en général
ceux qui profitent le plus qui donnent le moins. Des
salaires inaccoutumés et parfois énormes prennent
au dépourvu des gens qui n'ont pas reçu l'éducation
de la tempérance et de la modération. C'est l'ouvrière
d'usine qui achète sans marchander le poulet de
vingt francs auquel Mme la Préfète vient de renoncer.
Les cinémas regorgent ; à un autre niveau, le commerce des bibelots et des antiquités fait des affaires
d'or. Un courant d'extravagante prodigalité monte
en même temps que le prix de la vie. Plus l'indispensable semble inaccessible, plus on se jette sur le su-
perflu. Le cuir étant rare, il faut que les hommes mul-
tiplient les buffleteries et que les dames portent des
bottes jusqu'à mi-jambes. Naturellement la prodigalité encourage la cupidité. C'est un torrent d'universelle avidité qui submerge tout. Plus de règle
dans les prix, plus de proportion dans les gains : tout
commerçant est un maximaliste. A deux cents mètres

de distance, le même article vaut un tiers ou une moitié en plus. Un public amorphe, sans éducation économique, et, incapable aussi trop souvent de se priver, ne sait pas résister. Des relevés ont été faits, des prix pratiqués au front par les mercantis et par les coopératives militaires : les écarts atteignent deux ou trois cents pour cent. La seule morale de guerre de bien des gens est de vendre le plus cher possible : morale de guerre en effet, mais de guerre intérieure. On pouvait espérer que la fraternité d'armes, la coopérative nationale des tranchées contribuerait à faire l'union des classes ; oui, mais à l'arrière de nouvelles divisions se sont produites, de nouvelles jalousies se sont allumées. Un des rares bénéfices moraux de la guerre se trouve annulé.

La victoire a-t-elle du moins apporté quelque amélioration à ces maux ? On ne s'en aperçoit guère, et la victoire même a été à certains égards corruptrice. On croit terminée la grande épreuve. On aspire au repos, alors que la tâche de la paix s'annonce si lourde. On se néglige, les volontés trop longtemps soumises à une tension excessive se relâchent. Presque tous les services vont moins bien qu'il y a un an. Ceux qui ont offert leur sang pour le triomphe du droit estiment parfois qu'ils ont acquis tous les droits et se croient tout permis : un soldat se vantait auprès de moi de n'avoir jamais voyagé qu'en première ; n'avait-il pas été assez longtemps en première ligne dans les tranchées ? Raisonnement auquel il est pénible de répondre, mais qui n'en est pas moins absurde. C'est comme si Pasteur, parce qu'il avait sauvé bien des existences humaines, avait prétendu entrer pour rien au théâtre. Le droit est par nature définition et détermination. La loi, *Nomos*, est ce qui départage et répartit. Il ne faut pas confondre les catégories.

Ce tableau est assez noir, mais il n'est pas un de nous qui n'en puisse reconnaître la vérité et même l'insuffisance. Je ne veux donc plus y ajouter qu'un trait, parce qu'il pourrait échapper aux yeux qui n'atteignent que les choses visibles : c'est le déchet de foi morale, le discrédit de l'idéal qui doit s'être produit dans bien des consciences. « L'élite, m'écrit un professeur de Faculté durement éprouvé par la guerre, est plus atteinte que la masse. Il faudra bien des années pour réconcilier notre jeunesse avec la vie ;... ils deviennent misanthropes malgré eux. Leur idéal humain a été trop bafoué par ce qu'ils ont vu. » Voilà peut-être le danger le plus profond, le plus intime que nous ayons à redouter. C'est déjà un bien grand mal que, à la faveur de la guerre, tant de mauvaises tendances se soient développées, dont la vie normale ne peut s'accommoder et qu'à tout prix il faudra corriger. Mais que faire si c'est le ressort même de la consciece qui est faussé ou brisé ?

IV. — Heureusement ce scepticisme, en effet inquiétant, provient, suivant moi, d'une vue incomplète des choses. Tout d'abord la victoire elle-même doit nous convaincre que, malgré tout, le droit, s'il a besoin de la force, possède cependant une puissance d'attraction qui groupe autour de lui les forces nécessaires. Et puis il faut bien admettre que l'idéal n'est pas invariable dans ses formes et qu'il peut revêtir des aspects inattendus. Comme la science découvre, à certains moments critiques, des vérités qui commencent par nous être un scandale et déroutent les habitudes d'esprit que nous prenons pour la raison même, alors que pourtant elles continuent la science et développent la raison, ainsi les aspirations de l'humanité s'ouvrent de temps en temps des voies nouvelles au moment même où elles semblent bloquées dans une impasse. Chaque forme de civilisation semble limitée dans ses virtualités. Mais de l'idéal aussi nous pouvons dire, comme Hamlet le dit de la Nature, qu'il est plus riche que notre imagination ne le suppose. Nous croyons qu'il s'éclipse quand il se rajeunit. Voici qu'à l'aurore des temps nouveaux la Société des Nations annonce un ordre de choses qu'à peine osaient entrevoir dans un lointain avenir ceux que l'on appelait des rêveurs. Ce rêve cherche sa forme, et cependant nous le touchons déjà.

Nous risquions de nous endormir dans la pensée que la Démocratie était réalisée, et nous nous apercevons, en combattant en son nom, qu'à peine en soupçonnons-nous la véritable formule. Mais en revanche, la certitude est acquise que là est la voie de l'humanité, qu'un retour est impossible aux régimes de despotisme et de mise en tutelle des peuples. Les tyranneaux ont fui comme une volée de corbeaux, tandis que les aigles rapaces s'abattaient dans le sang et dans la boue. Entre les régimes à jamais déchus et la délirante dictature bolchéviste, l'idéal de la Démocratie véritable apparaît à la fois comme moins nettement arrêté dans ses formes pratiques et plus incontestable dans son essence.

« Tel qu'en lui-même enfin *sa victoire* le change ».

il ne s'estompe dans sa lettre que pour mieux s'affirmer en esprit ; il paraissait mécanisme politique ; il redevient principe de vie morale. La Démocratie semblait chose faite : elle se révèle plutôt comme un chemin à ouvrir et comme un programme de longs devoirs.

Le patriotisme enfin a partout témoigné sa vitalité et son incomparable puissance. Dégagé des étroitesses que certains lui reprochaient, il apparaît, surtout en France, dans sa pureté essentielle, c'est-à-dire non comme une puissance d'agression et d'exclusion, mais comme le principe positif qui exprime le vouloir-vivre et l'âme même de la Nation. Associé à d'autres patriotismes dans une alliance mondiale, chaque patriotisme se montre capable de s'intégrer à une large organisation humaine, et apparaît comme la base d'une telle organisation. Une Société des Nations n'est possible qu'entre des nations qui sont devenues des personnes morales.

Mais comment dès lors ne comprendrions-nous pas que le rôle et la valeur du patriotisme ne disparaissent pas avec l'état de guerre et que le sentiment qui nous a rendus forts dans la lutte est aussi celui qui nous rendra forts dans la paix ? C'est, comme je l'ai déjà indiqué, d'esprit social qu'il nous faut pénétrer toute notre éducation morale. Qu'est-ce à dire, sinon que c'est un *patriotisme de la paix* qu'il nous faut développer ?

Exploiter la société sans lui donner son contingent de travail, garder comme une prébende un titre dont on remplit mal les fonctions, ne pas comprendre que dans l'industrie, la banque ou le commerce, nous avons un service social à accomplir et non pas seulement un profit à faire, qu'est-ce autre chose qu'une espèce de trahison et de désertion à l'intérieur ? Chaque profession doit apparaître comme un poste que nous devons tenir sans défaillance et sans déloyauté, à la façon d'un soldat, pour le salut de tous. Ce poste, nous avons l'avantage de pouvoir le choisir librement : raison de plus pour le mieux garder.

Telle est donc la direction dans laquelle notre culture morale doit travailler. Nous devrons sans doute nous adresser à la volonté et à la conscience, et nous ne pouvons compter, pour les restaurer, sur le seul retour à un ordre social normal, sur la simple armature de la société, sur cette espèce de police mutuelle que les rapports de solidarité exercent entre les hommes. Nous le pouvons d'autant moins que pré-

cisément cet ordre extérieur est encore profondément troublé. Mais inversement les inspirations individuelles, même les plus élevées, les suggestions de la
conscience, le sentiment de la dignité personnelle,
les formes abstraites de la raison, sont insuffisants à
fournir des motifs assez forts et surtout des règles
assez précises à la volonté morale. Il lui faut un objet,
qui ne peut être raisonnablement cherché que dans
le devoir social.

C'est aussi cette même conviction qui doit inspirer
aussi les méthodes auxquelles nous aurons recours.
Sociale par son objet, notre éducation morale doit se
faire aussi sociale par ses moyens d'action. C'est surtout dans des groupements que se forme la volonté
et qu'elle s'exerce à une discipline de liberté et de
sympathie. Si c'est dans les coopératives, les mutua-
lités de toutes sortes que se fait le mieux l'éducation
politique et sociale des adultes, pourquoi n'en serait-
il pas de même, aux formes près, pour nos adoles-
cents et pour nos enfants ? Où apprendraient-ils
la loyauté, la sincérité, la bienveillance, l'honneur,
sinon dans des groupements appropriés à leur âge ?
Rousseau, qui a eu tant de vues géniales et encore
aujourd'hui fécondes en matière d'éducation, a com-
mis une de ses plus graves erreurs, déterminée par
certains de ses principes de philosophie sociale, en
nous proposant comme un idéal l'éducation isolée.

Ainsi, pénétrer la conscience d'esprit social et de
sentiment du bien public, pénétrer la vie sociale de

conscience et de droiture, voilà le double programme que nous avons à remplir au sortir de cette formidable crise. Nous avons à vaincre un matérialisme économique qui ne viserait qu'à la richesse poursuivie sans scrupules, mais aussi un individualisme moral qui n'aspirerait qu'à la noblesse de l'âme et resterait inactif, étranger et indifférent à l'ordre social ou au progrès des masses.

La guerre n'a point révélé que notre civilisation productive fût mauvaise par elle-même, ni que la loi du travail, qui la domine, fût une loi de barbarie. La guerre a déchaîné l'injustice, mais elle n'a point tué l'idéal ni la foi dans les destinées humaines. Seulement elle a révélé que les conquêtes de la science et de l'industrie ne sauraient suffire à ces destinées ni borner les ambitions de l'humanité. Elle a permis de reconnaître qu'on ne s'est pas assez occupé d'armer la volonté des individus non plus que celle des peuples contre les tentations de la puissance et contre le maximalisme instinctif des passions.

C'est à une telle tâche que dès longtemps la *Ligue française d'éducation morale* avait convié toutes les bonnes volontés, sans acception de parti ni de doctrine. La méthode d' « union sacrée » qu'elle a dès ce moment mise en honneur, a reçu depuis la plus solennelle consécration. Plus que jamais, pour les victoires nécessaires de la paix, elle souhaite d'enrôler une armée de bons soldats, car ce n'est que par des coopérations très nombreuses et très diverses qu'on peut tenter avec succès la réforme profonde de l'opinion, la rééducation morale de la Nation et surtout la préparation de toute cette jeunesse qui, moins touchée par les désordres de la guerre, doit devenir l'organe de la restauration. Nous avons souffert pour qu'elle vive plus tranquille et plus heureuse, mais aussi pour qu'elle soit meilleure et pour qu'elle sache soutenir, dans une paix laborieuse et féconde en progrès, l'honneur impérissable que notre pays s'est acquis à la face du monde.

VII

CONSCIENCE ET FONCTION SOCIALE [1]

La fonction d'éducation, au sens étroit du mot, est celle qu'assument les générations adultes à l'égard des générations qui montent, pour les amener à la plénitude de la vie physique, intellectuelle et morale des milieux humains auxquels elles appartiennent. L'éducateur est donc d'ordinaire tourné vers l'enfance et la jeunesse et sa tâche est de mettre au service de leur développement tout le savoir, toute l'expérience qu'il a pu acquérir.

C'est peut-être aussi pourquoi l'on est parfois médiocrement accueilli quand on vient à parler morale. On a l'air de se poser en mentor, de se targuer d'une sagesse supérieure à celle des gens à qui l'on s'adresse et qui s'imaginent volontiers qu'on les traite en en-

1. Conférence faite à la *Ligue française d'éducation morale*, le 18 janvier 1920.

fants. Il faut l'avouer : on éveille presque toujours, lorsqu'on se donne à tâche de répandre l'éducation morale, une susceptibilité, une défiance, qui ne sont pas favorables au succès. Rien de semblable ne se produit quand il s'agit d'une instruction technique ou scientifique ; car là, chacun se rend compte que tout le monde ne peut tout savoir, que les compétences sont diverses et spéciales et que tout homme, si instruit qu'il soit, peut encore avoir à apprendre d'un autre sur un point particulier : le sculpteur grec ne s'offensait pas qu'un cordonnier corrigeât le dessin d'une sandale. Mais quand il s'agit de moralité, on comprend que cette modestie ne se retrouve plus. C'est qu'on a le sentiment, juste à certains égards, qu'il s'agit alors d'une faculté qui, pour sa destination même, est nécessaire à tous et surtout nécessaire chez tous ; que celui qui en manquerait serait pour ainsi dire au-dessous de l'humanité. Aussi est-ce une pensée commune, presque instinctive, et que nombre de philosophes ont expressément soutenue, que la conscience morale est un don primitif et inné à l'âme humaine, une faculté universelle et même égale chez tous. On s'explique alors qu'il ne semble plus de mise, quand on se trouve, non en face d'enfants ou de jeunes gens, mais en face d'adultes, de se présenter en éducateur. On accueillera volontiers encore le moraliste qui vient exposer des idées, formuler des théories sur la morale, parce que, encore une fois, en matière de pensée, chacun admet bien qu'il puisse avoir quelque chose à acquérir ; mais d'un homme, à moins que précisément il ne parle au nom d'une sagesse supérieure et d'une autorité divine, on n'acceptera pas facilement qu'il ait l'air de donner des leçons de moralité. Pour tout dire, dans une chaire laïque, tout ce qui prendrait l'aspect d'un sermon a quelque chose de déplaisant et presque d'offensant.

Aussi n'est-ce pas non plus un sermon que j'entreprends ici ; et même ce que je voudrais montrer, c'est précisément ce qu'il y a d'insuffisant, d'inégal aux besoins de notre temps dans cette idée d'une conscience morale innée, universelle, également prête chez tous à résoudre toutes les questions qui devraient se poser à elle, mais que justement elle est loin de se poser. Ce que je voudrais faire sentir, c'est qu'il nous faut étendre l'idée que nous nous faisons en général de l'éducation morale, de son domaine et de ses moyens, et qu'elle ne se borne pas, si grande et si difficile que soit déjà cette tâche, à inculquer aux enfants de bonnes habitudes et à leur faire acquérir ce qu'on appelle des *vertus*, mais qu'elle doit faire comprendre à chacun son rôle et sa fonction dans la vie collective, et susciter dans les consciences, au delà de cette bonne volonté générale et vague dont on usera comme on pourra, une bonne volonté informée, capable de discerner et d'éprouver avec force les exigences réelles qui s'imposent à l'action concrète, ou tout au moins curieuse de les connaître.

Dans l'éducation morale ainsi comprise, aucune

personne, aucun groupe, aucune classe sociale n'a la prétention de faire la leçon aux autres et encore moins de se poser en modèle. Il s'agit au contraire de comprendre que, du fait même du milieu social qui nous est commun, nous participons tous plus ou moins à la même éducation morale et qu'elle est insuffisante ; que presque tous les reproches que nous pourrions être tentés de nous adresser les uns aux autres, les ouvriers aux bourgeois, les consommateurs aux producteurs, les hommes d'action aux intellectuels, les novateurs aux traditionalistes, seraient inopérants et vains parce qu'il serait trop facile de les retourner et d'établir un certain équilibre dans les responsabilités. D'ailleurs, il ne s'agit pas de se quereller sur des responsabilités ; il s'agit d'obtenir des résultats.

En réalité nous ne pouvons rien dans ce domaine les uns sans les autres, puisque c'est l'opinion publique elle-même qui est peut-être à transformer. Si, dans le domaine du savoir et des techniques, les hommes peuvent dans une large mesure se remplacer les uns les autres, il en est tout autrement dans le domaine du vouloir et de la conscience. Personne ne peut demander à autrui d'être moral à sa place, ni s'en charger lui-même à la place d'autrui. Mais il est aussi dans la nature des choses que tous le soient ensemble, et, si possible, également, puisque l'imperfection morale des uns paralyse ou rend inefficace la bonne volonté des autres.

Il y a donc quelque chose de juste dans la pensée

dont je parlais tout à l'heure et selon laquelle la conscience est à la fois une faculté intime, personnelle, qui appartient en propre à chacun, et une faculté universelle, qui doit être présente chez tous et, en un sens, être égale chez tous. Mais on a trop facilement confondu ce qui est désirable et ce qui est ; on a trop naïvement supposé que ce qui doit être est déjà réalisé. On se figure, par une sorte de pragmatisme instinctif, que puisqu'il faut que tous les hommes aient une conscience, ils l'ont d'emblée comme un « instinct divin » ; ou encore on pensera qu'il suffit de vouloir être honnête homme pour l'être en effet, comme si l'on pouvait, de science infuse, savoir ce que, dans chaque condition dans chaque circonstance de la vie, cette volonté d'être honnête nous commandera de faire. De pareilles suppositions ne deviennent à peu près soutenables que parce qu'on fait précisément abstraction des devoirs réels pour se limiter, sans sortir du for intérieur, à la bonne volonté seule.

Loin de moi, certes, la pensée de faire fi de cette bonne volonté, qui est une condition nécessaire de toute moralité. Mais ce qui semble acquis, c'est qu'elle est loin de suffire ; que même, pratiquement, il est vain de la requérir, si l'on ne nous donne aucun moyen de la susciter, et que le seul moyen de la susciter c'est précisément de lui fournir un aliment, de lui proposer un but. L'éducation morale, au sens large que j'indiquais tout à l'heure, est en grande partie solidaire d'une instruction sociale qui nous fait grandement défaut. En dehors de cela, il y a sans doute des procédés pratiques de dressage qui sont particulièrement nécessaires quand il faut agir sur l'enfant ; auprès de lui, en effet, les raisons tirées de l'expérience de la vie sont peu efficaces, puisque cette expérience lui manque presque entièrement. Mais quoiqu'il reste toujours quelque chose de l'enfant dans l'homme, comme il y a déjà de l'homme dans l'enfant, le dressage en question ne saurait être toute l'éducation.

Il faut donc bien en venir à suspendre celle-ci aux fins mêmes pour lesquelles on l'entreprend. C'est pourquoi, comme je l'écrivais naguère, « pénétrer la conscience d'esprit social et du sentiment du bien public, pénétrer la vie sociale de conscience et de droiture, voilà le double programme que nous avons à remplir. » C'est cette idée dont je voudrais aujourd'hui mettre certains aspects en lumière.

I. — Que la conscience morale se soit jusqu'ici beaucoup trop isolée en elle-même, c'est ce qui résulte déjà des observations qui précèdent. Car si l'on veut — et l'on comprend qu'il y ait intérêt à cela — que tous les hommes se sentent responsables devant la loi morale, si à ce désir s'ajoute la croyance à une sanction religieuse qui consacre cette responsabilité et qui menace le coupable même en dehors de cette vie, il faut nécessairement réduire cette loi à un minimum également accessible à tous, en limiter les exigences à ce qui·semble au pouvoir du plus humble et du moins bien doué. A ce compte, on ne peut guère demander à tous que la volonté bonne en laissant dans l'ombre la valeur des fins à poursuivre, la nature des résultats à obtenir, et encore plus celle des moyens à employer. Car de tels calculs, de telles connaissances dépassent les facultés de la moyenne des hommes. On sent trop injuste de punir celui à qui elles manqueraient. On pourrait sans doute se demander si en toute rigueur la bonne volonté est si uniformément répartie entre les hommes et si les uns ne naissent pas avec un tempérament moins violent, plus équilibré, se prêtant mieux à la maîtrise de soi ; si une intelligence plus pénétrante, une imagination plus vive ne sont pas aussi un secours pour la conscience en lui permettant de mieux sentir le prix de certains buts, de mieux sympathiser avec des intérêts étrangers ou lointains. Mais, encore une fois, il y a un intérêt pratique à dire aux hommes qu'ils peuvent, qu'ils sont responsables, et que la bonne volonté est à leur portée ; c'est une manière de créer cette bonne volonté et de susciter ce pouvoir. Les sociétés ne sont pas chargées de faire une psychologie exacte ; mais elles fabriquent avec un instinct assez sûr une psychologie utile ; elles ne visent pas à la pure vérité, mais elles affirment ce qu'elles ont intérêt à rendre vrai de cette manière.

Elles ne sont pas philosophes, elles sont pragma-
tistes ; et cela est très différent.

Seulement on voit combien cette conception tend
à rétrécir le champ de la conscience. Elle s'habitue à
regarder presque uniquement en dedans ; on l'incite
à cet « examen de conscience », la plupart du temps
aussi *rétrospectif* qu'introspectif, et d'où ne résultent
guère que des sentiments tout subjectifs de repentir
ou de satisfaction morale, mais non pas une compré-
hension plus juste et plus pénétrante des choses à
faire et des raisons de les faire. L'homme conscien-
cieux semble se vouer à l'acquisition de *vertus* ; sa
préoccupation dominante est celle de son *mérite* ou
de son *démérite* plutôt que celle du bien à réaliser. Il
n'est pas jusqu'à la notion de devoir, si évidemment
sociale par sa nature et par ses origines, qui ne se
rabougrisse à la notion d'un devoir envers soi-même,
au point que Kant en vient à cet évident sophisme :
que s'il n'y avait pas de devoir *envers soi-même*, il n'y
en aurait d'aucune sorte ; comme si parce que le com-
mandement du devoir s'adresse à notre volonté, ce
qui est une vérité naïve, il en résultait que notre
volonté dût prendre pour unique objet notre propre
personne, ce qui est un paradoxe.

Quelle est, historiquement, la principale cause de
ce tour pris par notre sens moral ? Je ne veux instituer ici aucune querelle de doctrine ; au moment où
nous avons besoin de mettre en œuvre toutes nos
forces morales, nous n'avons pas le droit d'en négliger

ni d'en discréditer aucune. Mais enfin il est difficile de ne pas voir quelle part a eue le christianisme dans l'évolution que je viens de décrire et que, à certains égards, le stoïcisme avait déjà préparée. Cette constatation même n'a rien, nous allons le voir, qui soit de nature à froisser les croyants. Non seulement il est tout à l'honneur de la religion chrétienne qu'elle ait, plus expressément, plus assidûment qu'aucune autre institution, assumé, pendant des siècles, la délicate fonction de l'éducation morale commune et populaire, dont on ne constate dans l'antiquité aucune organisation précise; mais il était peut-être utile que la religion donnât cette éducation sous cette forme, et impossible qu'elle la donnât autrement. Il était, en effet, difficile d'élever les masses, et des masses fort incultes, à un vif sentiment de l'obligation morale, de la responsabilité, de l'autorité de la conscience, autrement qu'en commençant par former la réflexion morale, par constituer la personne morale elle-même et par rehausser à ses yeux sa propre dignité. C'était sans doute un moment particulièrement délicat du progrès moral.

D'autre part l'office d'une religion telle que le christianisme pouvait-il être d'une autre nature ? Il y a deux facteurs bien distincts dans la moralité, la Régulation et la Motivation. Il y a le code des règles à suivre et il y a le système des images, des sentiments, des sanctions admises, qui sont de nature à déterminer les volontés. Entre la régulation et la motivation, il n'y a pas un rapport rigoureux et fixe. La motivation dépend de l'état mental des individus, la régulation, des exigences de chaque société. Par nature, les religions, et aussi bien le christianisme, en dehors des pratiques qui leur sont propres, ne peuvent guère faire qu'adopter les règles communes de vie sociale qui sont admises dans les milieux où elles règnent ; mais elles peuvent y ajouter un ensemble d'images, de symboles, de sentiments et d'émotions, de cérémonies suggestives ou commémoratives, propres à dresser ou à solliciter la volonté. Les croyants les plus attachés à l'Évangile sont les premiers à reconnaître qu'il est impossible d'y trouver un programme d'organisation politique, économique ou même familiale. Ce qu'ils y trouvent, c'est un esprit, une inspiration qui rayonnera dans toutes les directions, selon les besoins du temps et du milieu. Et comment eût-il pu autrement s'adapter aux profondes transformations de la civilisation à travers une vingtaine de siècles? Comment, si l'Évangile avait été un code, ce code fait pour les milieux de l'Empire romain, ou tout simplement pour le petit peuple juif, aurait-il pu rester celui de l'Europe féodale ou de la civilisation moderne ? Ce fut, en un sens, la condition de sa diffusion et de sa vitalité de n'être pas un système complet et de contenir plus de virtualités que de déterminations.

Seulement il faut bien, après avoir expliqué et par là même justifié en partie le développement de notre individualisme moral, le subjectivisme de notre conscience, en reconnaître les inconvénients, aujourd'hui tangibles, et avouer qu'il est grand temps de rétablir l'équilibre entre la bonne volonté et ses fins, entre la vertu et ses usages sociaux, entre les intentions et les actes, entre la motivation et la régulation. Il paraît indispensable que notre éducation morale se retourne du sujet à l'objet, et demande à la conscience, maintenant qu'il y a une conscience, de regarder au dehors et non plus au dedans. On a passé des siècles à fabriquer une lunette un peu délicate, à en polir les verres ; il faut maintenant se servir de la lunette et observer.

En effet, tandis que la conscience se développait ainsi pour elle-même, apprenant le scrupule plutôt que l'action, les fonctions si complexes de la vie moderne se développaient de leur côté suivant les nécessités de la vie sociale ; elles évoluaient en vertu de leurs lois propres, sans dépendance véritable à l'égard de l'esprit chrétien ou religieux qui les côtoyait ou les enveloppait, plutôt qu'il ne les dominait et ne les déterminait, sinon parfois d'une façon tout extérieure. La conscience était ainsi de plus en plus débordée et se dessaisissait de presque toute juridiction sur des multiples modes d'action qui ne paraissaient plus engager que des intérêts « temporels », sans rapport direct avec la moralité. Elle n'était en aucune manière préparée à les juger.

Corrélativement une cause opposée travaillait dans

le même sens. On se persuadait que les phénomènes sociaux étaient soumis à des lois naturelles et nécessaires et qu'ils étaient pour autant soustraits à l'action des lois morales. Il était vain, ou inefficace, d'essayer d'intervenir dans le mécanisme de ces lois naturelles ; on ne pouvait en déranger le cours. Si l'on voulait corriger un mal, pensait Spencer, on ne faisait que le déplacer et quelquefois le remplacer par un pire. La « charité » n'était la plupart du temps qu'une maladresse ; en tout cas si elle palliait certains effets des nécessités économiques ou de l'organisation politique, elle n'atteignait pas les causes des misères que l'on tâchait de soulager, mais qu'on était impuissant à prévenir. Personne d'ailleurs n'était chargé de les prévenir. Les causes étant « sociales », les individus, dans leur conscience toute concentrée sur la personne, sentaient leur responsabilité à couvert en même temps qu'ils se persuadaient de leur impuissance. Donc « les affaires étaient les affaires », elles avaient leur logique propre, dépourvue de tout caractère moral. Produire, vendre, acheter, gagner, placer son argent, tout cela devenait étranger à la conscience qui n'avait rien à y voir ; on n'avait guère à y respecter que certaines règles du jeu ; tant pis pour les maladroits, les ignorants, les naïfs, les malchanceux ; est-ce ma faute si la nature a été parcimonieuse à leur égard ou le destin défavorable ? La politique, comme l'économique, échappait de même aux prises de la morale. L'ordonnance des

États était un produit de l'histoire, ou, ce qui est une autre manière de parler qui traduit la même pensée fataliste, un décret de la Providence. Il n'y avait qu'à s'incliner et à se débrouiller comme on pouvait suivant les règles d'un jeu d'échecs dont nous n'avions pas posé les pièces à l'origine.

Sans doute on pouvait se souvenir qu'il y avait un « Décalogue » qui, lui, était bien un code, un reste d'une vieille législation élémentaire inscrite sur les tables du vieux Livre, plutôt qu'il n'était l'émanation du nouveau. Mais s'il défendait de tuer, de voler, il laissait dans une entière indétermination ce point essentiel : quand vole-t-on, et même n'y a-t-il pas bien des manières de tuer et des degrés dans le meurtre ? La vie a des degrés ; qui agit de façon à l'amoindrir tue un peu. De même, par exemple, vole-t-on en prélevant un profit sur une marchandise, un intérêt sur l'argent ? Le prêt à intérêt, condamné d'abord sans restriction comme «usure», s'est pourtant maintenu et même développé comme une nécessité inéluctable de la vie économique, et la conscience était ainsi comme bafouée pour s'être mêlée, sans compétence, d'une question subtile où elle ne voyait goutte. Dans la sphère de la vie politique également les institutions se transformaient tantôt par lente évolution, tantôt par brusques révolutions, sans qu'il fût aisé pour la religion de prendre parti. Sans doute, en général, elle prenait le parti de « l'Ordre ». Mais où est l'ordre véritable, c'est-à-dire le plus juste et le plus stable ? L'ordre présent ne peut-il être plein de désordres et gros de révoltes ? L'ordre traditionnel peut-il subsister quand certains de ses éléments évoluent plus vite que d'autres, quand des traditions étrangères s'infiltrent incessamment dans la nation ? Là encore il fallait donc se résigner à s'adapter, en se contentant de « rendre à César ce qui est à César », c'est-à-dire en abdiquant dans l'ordre politique comme dans l'ordre économique.

II.—Ainsi la principale force éducatrice consciente, — en dehors de celles qui s'exercent spontanément dans la vie elle-même, — ne pénétrait pas l'action sociale dans ses multiples manifestations. Nous avons une morale très générale qui suffirait peut-être si nous n'étions que des « hommes en général », alors que, dans la majeure partie de notre existence, nous sommes des citoyens, des chefs de famille, des ouvriers, des hommes d'affaires, des travailleurs de l'esprit, etc. A l'égard de toute cette série d'activités, notre conscience reste flottante, comme un esprit qui n'aurait pas trouvé son corps. Il semble que, à l'ambition spécieuse d'une morale universelle, identique pour tous, valable pour tous les temps, on ait sacrifié le souci d'une morale efficace, agissante, réellement normative des activités diverses des hommes.

Dès lors ces activités ne reconnaîtront plus guère d'autres disciplines que la logique de leur développement propre, les règles de leur technique spéciale ; mais elles perdront de vue, comme l'avait si fortement senti A. Comte, les exigences de l'ensemble social où elles s'insèrent, et qui seul, en leur donnant leur véritable sens, peut définir où est pour chacune d'elles le bien et le mal. Veut-on quelques exemples ?

L'industriel fabrique n'importe quoi, en n'importe quelles proportions, sans autre règle que la possibilité de vendre. Mais cette possibilité, il espère toujours pouvoir l'étendre par une réclame habile qui crée, sinon le besoin, du moins le désir. Cette réclame elle-même ne se pique guère de véracité, quoiqu'elle prenne souvent aujourd'hui, pour mieux séduire, des allures pseudo-scientifiques. Peu lui importe l'exactitude ou même la vraisemblance de ses affirmations, puisqu'elle sait que non seulement le contrôle est impossible à l'immense majorité des clients, mais surtout qu'elle ne saurait se heurter à aucun démenti. Tout fabricant cherche à donner à la marchandise l'apparence de ce qu'elle n'est pas : au coton l'apparence de laine ou de soie, à une étoffe creuse le toucher d'une étoffe forte, à la margarine l'aspect du beurre. Un chimiste gagne une fortune en découvrant un procédé pour incorporer au chocolat une plus forte proportion de sucre. « Paraître » n'est pas seulement une maxime de vie mondaine ; c'est un axiome économique. L'acheteur imagine que du moment qu'il est légitime possesseur de son argent, il n'a de compte à rendre à personne de la manière dont il le dépense, sans comprendre que par cette dépense il encourt une responsabilité dans l'élévation des prix ou dans la direction de la production. Qui mesurera dans quelle proportion l'insouciance des nouveaux riches, et j'entends ici ceux de toute classe, n'a pas contribué à la hausse effrénée de tous les prix ? Le propriétaire considère le profit qu'il retire de son domaine, mais non pas l'utilisation la plus rationnelle du capital qu'il détient. Sans doute, en général, dans des circonstances normales les deux intérêts coïncident. Mais il peut arriver telle circonstance où il ait avantage à laisser son champ inculte, son terrain non bâti, sa maison inoccupée, son usine arrêtée, sa mine inexploitée : il les laissera. La propriété apparaît donc comme un droit qui ne fonde pas d'obligation correspondante, tandis qu'elle est une fonction sociale qui demande à être exercée dans des conditions déterminées par l'intérêt collectif.

Nous ferons des constatations analogues si nous passons aux professions dites libérales. Le journal insère n'importe quelle réclame : il ne fait que louer « son mur », suivant la formule connue. La presse qui pourrait être, qui serait normalement l'organe de l'opinion publique ou le moyen de faire son éducation, n'est plus guère qu'une affaire ; on flattera l'opinion pour réussir, mais on ne la guidera pas ; on ne l'informera même pas exactement. Il y a des faits que jamais la presse ne consentira à faire connaître, des doléances qu'elle n'accueillera pas, malgré l'utilité que pourrait avoir cette publicité, parce que le journal redoute d'offenser telle clientèle, telle puissance financière. Une sorte de chantage négatif et virtuel impose certains silences. Voici maintenant l'avocat qui accepte de défendre n'importe quelle cause sous prétexte que c'est son rôle et que les bonnes causes n'ont que faire de son talent ; qui met toute son habileté professionnelle à sauver un chenapan, à empêcher l'inculpé de répondre aux questions du juge d'instruction. Voici l'artiste qui, au lieu de répondre à l'appel de son propre idéal, préfère consulter le goût de la clientèle qui paye le mieux, ou qui, prisonnier de son propre succès, se fixe et s'immobilise dans le genre où il s'est fait un nom. Voici enfin l'érudit qui oublie trop, lui aussi, que l'intelligence a ses fonctions et qu'elle ne doit pas se dépenser inconsidérément, parce que chacun doit compte à l'humanité de ces dons là aussi. Sans en venir aux étroites et imprudentes limitations que prétendait imposer Auguste Comte au travail scientifique, on peut admettre qu'elles étaient dictées par un sentiment très juste des devoirs sociaux de l'esprit. Quel profit, même purement intellectuel, l'humanité peut-elle retirer d'une étude sur « l'emploi des participes chez Tacite » ou sur « les lois de la place des mots dans le pentamètre d'Ovide » ? Quel intérêt même peut-il y avoir à approfondir certains concepts périmés de la Physique aristotélicienne ? Certes, le désintéressement de l'esprit est une noble chose ; et il est toujours très difficile de dire ce qui servira ou ne servira pas. Encore faut-il distinguer les connaissances qui atteignent une réalité durable, comme celles qui s'attachent à la nature, morale ou matérielle, de celles qui ont un caractère purement rétrospectif et ne peuvent faire plus que de sauver de l'oubli quelques épaves du passé. Et puis, il ne s'agit pas ici de fixer une règle, peut-être indéfinissable, des études à faire ou à délaisser ; il s'agit seulement d'éveiller un scrupule, actuellement tout à fait inconnu, dans la concience professionnelle du savant. Qu'il tranche la question librement et non selon les convenances et les dogmes d'un « pouvoir spirituel », comme le rêvait Auguste Comte, nous l'admettons bien volontiers ; mais que du moins il se la pose, au lieu de céder sans examen aux entraînements d'une curiosité scolastique ou aux suggestions d'un intérêt tout « académique ».

Ainsi, en même temps que la conscience morale se concentrait sur elle-même et sur l'individualité, les activités sociales les plus diverses, dont est faite la substance de la vie collective, se *démoralisaient* du même coup. Chacune en venait à se traiter elle-même comme sa propre fin, oubliant qu'en vertu de la division du travail, elles ne sont toutes que des moyens dans la vie de l'ensemble.

Dans un temps normal, on ne s'aperçoit pas trop des dangers de cette situation, parce qu'un certain équilibre s'est établi entre les divers besoins ; les abus trop criants sont prévenus, les diverses forces sociales se refrènent mutuellement et se tiennent en respect ;

et les optimistes célèbrent les « Harmonies économiques » ou admirent la « Morale de la concurrence ». Satisfaction bien médiocrement justifiée encore, même en temps de tranquillité et de prospérité sociale. Mais que l'ordre extérieur vienne à être profondément troublé comme il l'est aujourd'hui, que l'appauvrissement général rende plus âpre la lutte pour la vie et plus critiquables tous les luxes, que l'incertitude du lendemain, le caractère précaire et rétréci de la circulation, en un mot le *manque de communication entre les temps et entre les lieux*, aient fait disparaître toute règle, toute moyenne, aient rendu presque impossible les prévisions et les comparaisons qui maintiennent jusqu'à un certain point l'ordre et la sécurité, et l'on sentira à quel point est fragile cette armature extérieure qui peut bien créer l'apparence d'un ordre moral, mais n'en contient pas la réalité spirituelle.

Si la guerre a rendu plus manifeste cette désorganisation, elle a mis en évidence que les germes en préexistaient, et que la culture morale, qui seule pourrait rétablir du dedans cette solidarité nécessaire des fonctions sociales, est la nécessité fondamentale de l'heure présente.

III. — Un des aspects les plus importants de cette sorte de dislocation, c'est la baisse d'un des caractères les plus essentiels d'une société vraiment fondée sur le développement de la conscience, d'une société réellement démocratique, le caractère de *contractua-*

lité. L'instabilité des prix a rendu de plus en plus impossible la pratique normale des marchés. On ne peut plus conclure d'achats en vue d'une fourniture régulière et durable. Chacun refuse de s'engager parce qu'il est impossible de savoir à quoi l'on s'engage. Plus de catalogue stable sur lequel on puisse fonder une commande, établir un devis. On ne sait ce que sera le change, ce que sera le prix de la marchandise, si, après se l'être assurée, on pourra la transporter et la livrer.

Les mêmes surprises se produisent du côté de la main-d'œuvre, et ici, il faut bien le dire, il n'y a pas eu seulement une difficulté de contracter et d'organiser la production ou l'échange : nous avons assisté à un véritable système de rupture de contrats. La récente grève des imprimeurs en est un des plus frappants exemples. Malgré un contrat de travail qui le liait jusqu'au 1er juin le syndicat des ouvriers typographes des journaux parisiens déclarait *subitement* la grève le 10 novembre 1919. Ayons le courage de le dire : de pareilles pratiques sont incompatibles avec toute vie sociale organisée, et le seraient sous n'importe quel régime économique. Elles le seraient plus encore sous un régime socialiste où, par définition, la solidarité serait forcément plus étroite, plus nettement définie, entre les corporations, qu'elle ne l'est aujourd'hui, où surtout la responsabilité de chaque corporation vis-à-vis de l'ensemble du corps social devrait être rigoureuse. Aujourd'hui cette responsabilité est inexistante. Tandis que l'employeur peut être poursuivi pour brusque renvoi et que les tribunaux ont sans cesse à prononcer sur des litiges de ce genre, le brusque abandon du travail n'a aucune sanction, alors même que, par son échec, la grève se révèle parfois injustifiée, et que les prétentions mises en avant sont reconnues impossibles à satisfaire. Le Marxisme accusait le capital d'exercer sur le prolétariat une sorte de chantage, parce que, en détenant les moyens de production, il tenait l'ouvrier à sa merci. Ce fut peut-être la situation à un certain moment, bien que la fameuse « loi d'airain » ait été démontrée fort inexacte dans sa teneur précise. Mais ne semble-t-il pas qu'aujourd'hui la situation soit simplement retournée et que si la puissance qui, dans la lutte économique, permet de dominer l'adversaire a changé de camp, elle n'a pas changé de procédé ? Je ne veux naturellement pas discuter ici une pareille question, mais j'y trouve l'occasion de montrer d'une manière particulièrement frappante l'insuffisance radicale du sens social où je prétends qu'est l'essentiel de la conscience.

D'une part, en effet, une corporation qui décide la grève pour une augmentation de salaire se place uniquement en cela au point de vue de ses besoins, des exigences qui lui paraissent normales et qui le sont peut-être. Mais elle ignore d'ordinaire, elle ne peut ni surtout ne veut savoir d'où viendront les ressources sur lesquelles seront prélevées les sommes nécessaires.

Les cheminots réclamaient autrefois « leurs cent sous »,
et je ne pense pas que cette exigence en elle-même
parût bien extraordinaire, même alors. Mais ce qui
était remarquable, c'est qu'à aucun moment on ne s'est
demandé quelle en serait la répercussion sur le budget
de l'entreprise. Même observation pour la grève des
journaux ; il a été démontré qu'il était impossible
de satisfaire aux demandes des grévistes sans bou-
leverser et peut-être compromettre l'industrie du
journal. Dès à présent on peut dire que, à moins d'inventions imprévues qui permettent de diminuer par
d'autres côtés le prix de l'impression, les salaires des
compositeurs et correcteurs d'imprimerie rendent à
peu près impossible l'édition de travaux savants
publiés nécessairement à un petit nombre d'exem-
plaires ; seuls les ouvrages populaires ou les revues
à grand débit peuvent faire leurs frais. C'est dès aujour-
d'hui une menace extrêmement grave pour la diffusion de la pensée et de la science françaises dans le
monde. Si un changement n'intervient pas de quelque
côté, notre admirable et douloureuse victoire, dont
déjà nous faisons les frais dans une proportion plus
forte qu'aucun de nos alliés, sera suivie d'une éclipse
étrange du génie français au moment même où il devrait bénéficier d'une incomparable autorité. Voilà
des répercussions dont on ne s'inquiète pas, lorsque
l'on considère isolément des exigences corporatives.

Mais il est un autre point sur lequel se révèle peut-
être encore davantage l'absence de cet « esprit d'en-

semble » que requérait Auguste Comte, et du sentiment correspondant de la contractualité. C'est que
dans les luttes économiques le public est étrangement
perdu de vue. La lutte menée entre le capital et le
travail se fait presque tout entière aux dépens du
public qui n'en peut mais. Une grève dans les trans-
ports, dans les postes, dans le journal, quels qu'en
soient les motifs et quel qu'en soit l'aboutissement,
engendre pour une foule de travailleurs, de consommateurs, d'organes sociaux de toutes sortes, des gênes
et des pertes incalculables ; en réalité ce sont ces tiers,
en principe étrangers à la lutte, qui en sont les
victimes et quelquefois les seules ; et ils le sont
doublement, puisque c'est ce même public sans défense qui, après avoir subi ainsi d'arbitraires dom-
mages, paiera finalement encore, soit sous la forme
de tarifs majorés, soit sous la forme d'impôts nouveaux, le triomphe du travail sur le capital. Quant à
ce dernier, qu'il s'agisse d'un employeur privé ou
qu'il s'agisse de l'État, il arrive presque toujours à
se tirer d'affaire, après une gêne passagère, parce
qu'il se retourne contre le consommateur ou contre
le contribuable ; ni le consommateur ni le contribuable
qui a commencé à subir des vexations irritantes
n'avait pourtant jamais eu à refuser ce qu'il est, en
fin de compte, appelé à payer. Il y a là une injustice
si flagrante qu'on se demande comment elle peut être
si facilement tolérée et même acceptée par ceux qu'elle
lèse aussi arbitrairement

Mais je veux surtout insister sur la méconnaissance qu'elle comporte de la contractualité sociale, sans laquelle aucun ordre n'est possible dans la collectivité. En effet, indépendamment des contrats expressément conclus entre les deux parties, employeurs et employés, on peut considérer comme un réseau extrêmement complexe de « quasi-contrats » le système des relations sans lesquelles la vie collective et en particulier la vie urbaine devient radicalement impossible. L'employé n'a pu se loger en banlieue que parce qu'il a compté sur le métropolitain pour arriver à temps à son bureau. S'il n'y arrive pas, les affaires qui l'attendent sont en souffrance ; le public qui à son tour comptait sur lui, voit également rompu l'espèce de contrat que constitue, vis-à-vis de ce public, l'existence même d'un service quelconque. Injustement lésés, l'acheteur qui ne trouve pas le magasin ouvert, la classe qui ne trouve pas le professeur, les plaideurs qui ne trouvent pas l'avocat ou le juge, le commerçant qui ne peut faire expédier la lettre ou la marchandise annoncée, le médecin qui ne peut être appelé ni arriver à temps auprès du malade : toute une chaîne de contrats ou de quasi-contrats se trouve rompue parce qu'un seul, en un point, est rompu par une décision isolée, prise sans aucun égard pour le système consistant et solidaire des fonctions sociales. Une telle pratique apparaît comme la négation même de toute justice. On peut ajouter qu'elle est en particulier, comme nous l'avons dit, la négation de tout socialisme. Une telle pratique enfin n'a véritablement plus rien de commun, en raison des transformations sociales, avec le moyen de protection et de défense légitimement et même bien tardivement accordé aux salariés par la loi de 1864.

En vain objecterait-on que ces procédés de lutte s'expliquent et s'excusent par cette considération que les bases mêmes de l'organisation sociale sont injustes ; cela, nous l'avons nous-même reconnu dès longtemps (1), et c'est pourquoi nous continuons à penser que la liberté toute seule, telle que l'entendent certains économistes, ne suffit pas à définir ni à réaliser la justice. Mais qu'aura-t-on gagné si aux injustices *de fait*, contenues dans un état social dont personne n'est responsable, on ajoute des injustices *voulues*, des violences qui ne peuvent que compromettre tout effort vers l'amélioration de l'ordre social ? La collectivité seule est qualifiée pour opérer graduellement les rectifications nécessaires de son organisation selon une meilleure justice.

IV. — Comme il est aisé de le voir maintenant, la conversion de la conscience dans le sens social implique une rectification du sentiment du droit. Le sentiment du droit est à peu près la seule forme sous laquelle la morale ait pénétré les fonctions concrètes de la vie sociale. Mais il a subi la même altération

____

(1) *Justice et Socialisme* date de 1892, et nous n'avons rien à en renier.

que la conscience elle-même : il a pris un aspect purement individualiste. Le droit se formule presque exclusivement en termes de revendications ; on n'en voit que le contenu, c'est-à-dire un ensemble d'avantages personnels ou corporatifs qu'il s'agit d'obtenir. Nous sommes un peuple qui semble se souvenir toujours d'avoir vécu longtemps sous un régime de bon plaisir et de despotisme et d'avoir été obligé de conquérir violemment les garanties nécessaires et les plus élémentaires libertés. En changeant de régime, il n'a peut-être pas changé d'attitude. La conquête du droit continue à lui apparaître sous la figure d'une prise de la Bastille.

C'est pourquoi les penseurs anti-révolutionnaires, comme Comte et ses disciples, en viennent à nier le droit *subjectif*, c'est-à-dire le droit-revendication, pour ne laisser subsister que le droit *objectif*, c'est-à-dire la règle selon laquelle les divers intérêts en jeu dans la société doivent s'équilibrer, et qui trace les frontières entre les libertés coordonnées. C'est aller trop loin, suivant nous, non seulement parce que l'effort des individus ou des groupements pour obtenir certaines garanties est en lui-même, sous réserve des moyens employés, un effort légitime, mais parce que, pratiquement, les abus de pouvoir subsisteraient ou surgiraient si cette force antagoniste disparaissait. Il reste incontestable, pourtant, que cet effort est sujet à des limites et à une règle qui lui sont extérieures ; aucune prétention ne contient en elle-même sa propre justification. *La personne réelle ou la personne civile est le bénéficiaire du droit ; elle n'en est pas véritablement le sujet.* Une revendication n'acquiert le caractère d'un droit que dans la mesure où l'on a pu établir sa compatibilité avec les autres droits, c'est-à-dire où elle peut s'intégrer au système de la collectivité pris dans son ensemble. Aucun droit ne peut donc être défini isolément et chaque droit n'est tel qu'en fonction de tous les autres. Nulle part il n'y a un droit que parce qu'une société existe et pour qu'elle existe. Ici donc, encore une fois, ce n'est pas la conscience tout intérieure et tout individuelle qui peut nous fournir la mesure du droit. Ce n'est qu'en considérant l'ensemble social qu'elle peut établir ce que le droit autorise, ce qu'il interdit, ce qu'il exige. Le désir, le besoin, la force, sont choses de la nature, sans caractère moral. Le droit est chose sociale, il définit les relations des éléments de la société entre eux, et ne peut le faire qu'en définissant la relation des éléments avec le tout. Je l'ai déjà indiqué tout à l'heure en parlant de certaines revendications corporatives. On le sentira plus nettement dans certains cas particuliers. Peut-on poser à part le « droit » des bouilleurs de cru, le droit au cabaret et à l'ouverture des cabarets ? Dans un tout autre ordre d'idées, le droit d'enseigner, le droit de plaider, le droit d'exercer la médecine ? Partout vous voyez que le droit de chacun est ou devrait être limité par le droit de tous, et finalement par le droit de la collectivité à protéger son existence. Le droit de propriété, lui aussi, qui apparaît en fait comme le type même du droit individualisé, est soumis à une foule de limitations, déterminées par la garantie indispensable des droits de la collectivité, et il tend à l'être de plus en plus.

A y bien regarder, le droit détermine plutôt encore nos devoirs que nos avantages : s'il nous est conféré, c'est surtout pour nous permettre d'exercer certaines activités auxquelles la société est intéressée.

Une autre correction nécessaire de l'idée courante du droit, c'est qu'il importerait de ne plus le concevoir comme absolument rigide. Sans doute par nature le droit est définition, détermination ; il est destiné à prévenir ou à corriger l'arbitraire dans les relations sociales. Il est pourtant pratiquement indispensable qu'il reprenne une certaine élasticité qu'il a perdue, toujours sous l'effet de la crainte instinctive du bon plaisir et des abus du pouvoir. Mais enfin la nature et surtout la société ne sont pas quelque chose de mathématique ; tout ne peut être rigoureusement prévu ni calculé. « On a vu quelquefois certains mécaniciens, disait récemment un député à la Chambre, qui à la fin de leurs huit heures, sans avoir terminé leur tâche, n'ayant pu amener leur train à l'endroit où il fallait, le laissaient sur des voies de garage. » On aperçoit nettement ici la différence entre le point de vue subjectif et le point de vue objectif. Subjectivement la tâche était terminée si les huit heures étaient passées ; objectivement elle ne l'était pas, puisque le résultat nécessaire n'était pas obtenu, en vue duquel ces tâches étaient organisées et distribuées. Or la vie du corps social ne s'alimente pas avec des heures, mais avec des produits et des résultats. La conception d'un droit rigide suppose une idée toute mécanique de l'homme, de la société, de la nature même qui les enveloppe. Une telle idée est manifestement absurde. Il y a bel âge que le bon sens français l'a ridiculisée dans la *Farce du cuvier*. Il faut donc que sans cesse le droit dont le caractère est de prévoir et d'être préétabli, s'adapte pourtant à l'imprévu des événements et se règle, non sur la lettre pure, mais sur les fins en vue desquelles il a été constitué. Certes il n'est permis à personne, par définition, d'exiger plus qu'il ne lui est dû ; mais il est loisible et il peut être moralement obligatoire, si les circonstances le demandent, de donner plus qu'on ne doit en toute rigueur. C'est donc encore une fois la conscience qui doit animer le droit, et doit être comme l'esprit qui s'ajoute à la lettre en en respectant le sens. C'est elle qui interprétera la règle du droit par la considération de la fonction, et mesurera les exigences de la fonction à sa place dans la vie de l'ensemble.

Enfin, si l'on admet ces principes, on aperçoit une autre rectification nécessaire à notre idée et à notre pratique du droit, rectification dont nous sommes peut-être encore plus éloignés que de la précédente,

Si le rôle du droit est de déterminer et de prévoir, d'organiser le système des actions sociales, non d'une manière mécanique, mais d'une manière souple et intelligente, il est impossible que le droit se meuve dans les ténèbres. Il veut la lumière, toute la lumière possible, sur les conditions et la portée de nos actions respectives. C'est déjà bien assez que tant d'incertitudes inévitables subsistent, sans que les hommes y ajoutent encore une foule de cachotteries, de mystères, de mensonges qui détruisent la sécurité de l'action et l'obligent à marcher à l'aventure ou même l'engagent sur de fausses pistes. Auguste Comte avait encore ici une forte maxime dont nous aurions bien besoin de nous inspirer : « Vivre au grand jour. » Si, comme je l'ai déjà montré, toutes les relations sociales sont ou doivent tendre à devenir contractuelles, ou tout au moins quasi-contractuelles, il faut vraiment jouer cartes sur table. Nos lois sur la diffamation, comme le remarquait déjà Comte, seraient à réformer radicalement. Elles ont l'air d'être faites pour protéger toutes les tromperies ou tous les abus, en entravant systématiquement tous les démentis utiles. Certes, c'est si l'on veut une diffamation caractérisée, que de dénoncer une fourberie ; et dans l'état actuel de notre législation et de nos mœurs, il est presque impossible de procéder à cette opération d'assainissement. Mais on peut estimer que cette impossibilité est antisociale. Comment ! il sera permis à un fabricant d'apéritifs d'affirmer que le sien est oxygéné, et il ne sera permis à personne de dire que cela est un mensonge et un non-sens ! Il sera permis à des charlatans d'attirer une misérable clientèle en se vantant de guérir en quelques séances des maladies qui jusqu'ici sont à peu près réfractaires aux efforts de la médecine la plus sérieuse, et l'on n'aura pas le droit de proclamer et d'afficher que c'est une effronterie préjudiciable non pas seulement à la bourse de quelques imprudents, mais à la santé publique ! Il sera permis à d'entreprenants pharmacopóles de vendre sous un nom ronflant des remèdes tantôt insignifiants, tantôt violents et dangereux, sans qu'il soit loisible de rétablir la vérité, ni de permettre aux malades de savoir ce qu'ils achètent à un prix excessif ! On sait combien il est difficile d'obtenir des laboratoires officiels l'analyse des spécialités pharmaceutiques. N'at-on pas réalisé un grand progrès lorsque les syndicats agricoles ont commencé à fournir des engrais loyalement dosés, tandis que les marchands s'enrichissaient à vendre des produits incertains ? Et l'on continue à admettre que des aliments quelconques, par ce temps de pauvre natalité et de manque de lait, soient, sans aucune garantie de valeur ni de composition, malgré les protestations qui se sont fait entendre à l'Académie de Médecine, proposés, à grand renfort de réclame, pour l'alimentatiou de nos petits enfants! Pratiquement le public n'est pas protégé. On s'est élevé contre les diplomaties secrètes qui trompent les nations; combien de diplomaties et de tractations secrètes, mais à l'intérieur même des nations, mériteraient bien plus évidemment encore une telle condamnation ! On comprendrait encore ces mystères, si aucune loi ne protégeait aisément les inventions et les découvertes réelles, même les plus menues, et jusqu'aux dénominations les plus ambitieuses et les plus saugrenues dont on affuble les produits de l'imagination commerciale. Mais de telles lois existent et dès lors le mystère n'est plus guère motivé que par des raisons peu avouables de lucre injustifié.

On parle de la loi de l'offre et de la demande comme d'une loi d'équilibre et de justice. Oui, si elle fonctionnait comme dans les livres d'économie politique. Mais la réalité est tout autre. En fait, l'acheteur au détail ne sait presque pas ce qu'il fait. Il n'a que des moyens très limités de comparaison et de contrôle ; sur les marchés ruraux des denrées, l'influence des acheteurs est à peu près nulle, car on refusera de leur vendre une douzaine d'œufs ou une livre de beurre tant que « le cours » n'aura pas été fixé par quelques gros intermédiaires ou spéculateurs ; le cours tombe on ne sait d'où, élaboré dans de lointaines officines commerciales.

On avait parlé d'enrayer la spéculation et la hausse de toutes marchandises en faisant afficher les prix de gros, à côté des prix de détail. L'acheteur aurait vu clair ; il était enfin armé. Plus besoin de taxe ni de réquisition, la lumière eût suffi ; mais on sait qu'elle n'a pas été allumée, et l'on devine trop facilement pourquoi. Il sera donc permis de savoir, par leurs bilans, ce que gagne la *Standard Oil* ou ce que perd une compagnie de chemins de fer. Mais il sera défendu de savoir quelle majoration sur le prix de fabrique prélève un magasin de nouveautés. Il est vrai que de temps en temps on apprend qu'une perquisition a eu lieu, que des livres ont été saisis. Mais on ne saura jamais de quel magasin il s'agit, et la comptabilité ira se perdre dans les arcanes d'un cabinet de juge d'instruction sans que les résultats de l'enquête soient jamais publiés. Ne serait-il pas plus simple, plus sûr, plus inattaquable au point de vue du droit et de la liberté, de rendre simplement accessible au regard des intéressés, c'est-à-dire du public, les éléments mêmes de l'opération commerciale ? N'est-il pas préférable que ce soit le public et non le juge d'instruction qui « saisisse », sans aucune perquisition ? Mais les commerçants ont résisté de toutes leurs forces à ce « droit du regard » réclamé et pratiqué il y a quelque temps par les ligues de consommateurs ; et, comme toujours, l'intérêt certain du public, masse amorphe, a été sacrifié ; comment pourtant peut-on parler de liberté là où il n'y a pas connaissance ? Comment la loi de l'offre et de la demande jouerait-elle réellement si seule une des deux parties en cause connaît les données du problème ?

La même question de la « vie au grand jour » dans les rapports sociaux se retrouve quand il s'agit de l'impôt. Que n'a-t-on pas écrit, à propos de l'impôt sur le revenu, contre la soi-disant inquisition fiscale, sur le secret des affaires, sur la nécessité où nous serions, pour être libres, de nous cacher les uns aux autres et de nous cacher à l'État ! Comme s'il n'était pas évident, sans entrer dans le détail très complexe des applications, qu'une pareille thèse implique non des rapports sociaux véritables, c'est-à-dire des rapports de confiance, de solidarité et de coopération, mais au contraire des rapports d'hostilité mutuelle, des rapports de guerre ! C'est parce que jusqu'ici les rapports des nations sont avant tout des rapports de guerre que la diplomatie a été condamnée au secret perpétuel. C'est d'un ennemi qu'on se cache pour le tromper ou pour le surprendre. Mais on se confie à ses amis. Prôner le secret dans le domaine fiscal, c'est, sous réserve, je le répète, des détails de la pratique, admettre en principe que nos concitoyens et que l'État doivent être traités en ennemis ; et c'est bien, en effet, le sentiment qui anime plus ou moins consciemment toute cette doctrine. Dès longtemps d'ailleurs nos économistes célébraient volontiers les avantages de l'impôt de consommation, de l'impôt qu'on paye presque sans le savoir, de l'impôt hypocrite, sur les impôts directs et même personnels, qu'on mesure, que l'on peut payer en détail, mais qu'on connaît en bloc, et que l'on sait destiné aux caisses de l'État. Je tiens cependant de l'entourage d'un des plus grands financiers de Londres qu'en Angleterre les classes aisées, les « capitalistes », les « bourgeois », considéraient l'impôt sur le revenu, pourtant si lourd pour eux, comme très supérieur, justement parce que c'est l'impôt connu, avoué, consciemment accepté et payé. Si la théorie de nos économistes est plus prudente et plus habile, c'est que nous sommes de moins bons contribuables. Où est cependant, je le demande, la meilleure éducation sociale, où est le sens le plus juste de la liberté en même temps que du devoir ? Où est la conception la plus libérale et la plus démocratique ? Si l'impôt est lourd, il faut qu'on sache qu'il est lourd. Comment sans cela le peuple s'intéresserait-il à la chose publique ? Comment son éducation civique se ferait-elle, lorsqu'on recule à lui imposer la discipline nécessaire, lorsque théoriciens et hommes d'État semblent à l'envi s'incliner devant ses faiblesses et même les justifier comme l'expression de la saine doctrine ?

Peut-être touchons-nous ici le plus clair symptôme de notre mauvaise éducation morale et de notre manque de sens social : je veux dire notre peu d'honnêteté fiscale, disons de patriotisme devant le Trésor public. L'État apparaît à beaucoup comme une sorte de brigand légal qui nous demande la bourse ou la vie ; mais chose étrange, alors que beaucoup ont compris et accepté sans murmure le devoir de donner la vie, rares sont ceux qui pratiquent sans réserve celui d'ouvrir la bourse. Un député osait dire récemment en pleine Chambre : « Il n'y a plus de moralité commerciale. » Qu'eût-il pensé de la moralité fiscale ? Tout a été dit sur l'inconscience avec laquelle le Trésor est pillé par les uns, tandis que les autres se défilent avec plus ou moins d'habileté quand il s'agit de le remplir. Aujourd'hui, ce sont des classes entières de contribuables dont la prétention affichée est d'échapper à l'impôt sur le revenu, tandis que de son côté l'administration financière, débordée ou indécise, se sent incapable, en présence de ces résistances et des irrégularités qu'elles amènent, de percevoir même l'argent qui serait à sa disposition. C'est par milliards que se comptent aujourd'hui les sommes que l'État pourrait encaisser ; mais il semble reculer devant les difficultés. Normalement, l'impôt rentrait à peu près, parce qu'il était ancien, traditionnel, modéré, général. Mais aujourd'hui que tant d'impôts sont nouveaux, pesants, discutables, fourmillent d'anomalies et d'exceptions, comment est rempli le devoir fiscal et comment seront remplies demain les caisses de l'État ? On nous dit que la victoire des alliés est la victoire de la Démocratie. Qu'est-ce pourtant qu'une Démocratie où non seulement les intérêts personnels, les intérêts de groupe, les intérêts de classe, priment constamment l'intérêt général, mais où personne ne sent et où personne n'est dressé à sentir que « l'État, c'est nous » ?

C'est dans ce domaine que nous apercevons le mieux les causes et la portée de ce divorce entre la conscience et la Société, qu'il est urgent de faire cesser. Les causes : car on comprend que le fisc, qui ne peut sans doute jamais faire figure de *persona grata*, ait été longtemps considéré comme l'ennemi, tant qu'il apparaissait trop à la conscience populaire qu'il enrichissait les « partisans » et qu'il servait à construire des Versailles et des Trianons. Les institutions se transforment, mais les habitudes morales, les manières de sentir et de penser sont autrement durables : l'âme des sociétés change moins vite que leur corps.

Et voici les effets : comme les organes de l'État ne sont tout de même que des individus et des groupes d'individus qui ont reçu la même éducation que les autres et chez qui le sens social ne peut être, en moyenne, plus élevé qu'il n'est chez les gouvernés, le rendement des entreprises d'État, des industries officielles, des administrations publiques, est en général médiocre. On le rend encore plus médiocre en criant sur les toits que l'État est un incapable, qu'il faut résister à ses emprises et paralyser tous ses efforts. Le président de la chambre de commerce d'une de nos grandes villes (1) nous enseignait naguère encore, en pleine guerre, en pleine période de restrictions nécessaires et de réglementations, « que les freins gouvernementaux » devaient « sauter sous la poussée de l'intérêt individuel, suprême sauvegarde de l'intérêt général ». Ce notable commerçant a depuis été

(1) Voir *Temps* du 24 mars 1918.

nommé député. Voilà l'éducation morale que nous recevons de la bouche des hommes qui passent pour les plus modérés et même les plus sages. Comment, dans ces conditions, veut-on que l'action de l'État se perfectionne et s'améliore, quand on fait tout pour la battre en brèche et la discréditer ?

Là encore l'histoire explique bien des choses. Toute notre organisation politique, issue de la résistance au despotisme, est conçue avant tout comme une machine de défense, de contrôle permanent, inspirée par une défiance systématique à l'égard de l'État et de ses agents. C'est une force essentiellement négative, quelque chose comme ce que les physiologistes appellent un pouvoir d'inhibition, toujours préoccupé de prévenir ou d'empêcher, non de faire ou d'entreprendre. L'État est donc mal préparé à l'action, à l'initiative ; il tend plutôt à les entraver ou à les décourager. La responsabilité s'y dissout dans l'anonymat, en même temps qu'elle s'effraye des difficultés et de la lourdeur de la machine à mouvoir.

Et cependant, est-il absolument inhérent à la nature de l'État de demeurer ainsi toujours passif, négatif et impuissant ? S'il est nécessairement l'organe de la Nation dans la défense contre l'agression étrangère, s'il l'est aussi forcément, à l'intérieur, de la justice et de la défense des individus contre la violence ou les empiètements de l'intérêt, pourquoi ne le serait-il pas d'une action positive commune ? Qu'est-ce idéalement qu'une nation, sinon une vaste *coopé-*

ration en vue des fins communes ? Coopération sans doute, avant tout, pour le maintien de l'existence même de la nation, pourquoi ne le serait-elle pas aussi pour ses progrès dans tous les domaines de la civilisation ?

Mais si vous considérez les causes qui entravent cette coopération, vous n'en trouverez guère d'autre au fond que cette insuffisance du sentiment social, cet individualisme de la conscience, qui, même si elle est droite et désintéressée, reste trop indifférente au bien collectif et au rendement de la machine sociale. Comment y a-t-il des personnes qui puissent espérer un bénéfice quelconque d'une organisation socialiste dans l'ordre de la production, tant que le sens de la coopération sociale ne sera pas préparé à l'animer ? Le « socialisme intérieur », comme je l'écrivais dès 1897, doit précéder le socialisme extérieur, qui sans cela ne peut donner que déceptions. Allons-nous pourtant renoncer aux avantages évidents d'une action commune et de la coopération, parce que nous n'aurons pas eu le courage de nous forger une âme de coopérateurs et de devenir capables de remplir notre fonction comme un bon employé qui a compris que la prospérité de sa maison est la meilleure garantie de sa propre situation ?

Il serait vain d'espérer le salut des seules institutions extérieures : quelles qu'elles soient, elles ne vaudront jamais que par les hommes, et plus elles seraient neuves et hardies, plus l'expérience qu'on en ferait

dépendrait de la conscience des hommes qui les met-
traient en œuvre.

Ainsi nous ne pouvons espérer de la société ni
plus de justice ni plus d'avantages que si nous don-
nons plus de vie et de force à la conscience, et nous
ne pouvons espérer cette régénération même de la
conscience qu'en lui donnant enfin cet « aliment complet », en tout cas substantiel, que sont les fins de la
vie collective. Ce qu'il s'agit d'obtenir, ce n'est pas
seulement un progrès dans ce qu'elle a été jusqu'ici,
c'est, au sens précis du mot, une *conversion* qui la
tourne du dedans au dehors.

Il y a une vingtaine d'années, le coryphée de l'individualisme, H. Spencer, écrivait dans un de ses
derniers livres : « C'est en poursuivant spontanément
ses fins propres que l'homme remplira incidemment
les fonctions de l'organisme social. » « C'est au contraire, lui répondis-je dès cette époque (1), la satisfaction individuelle qui doit être conçue comme le
résultat obtenu par surcroît, lorsque chacun saura
remplir sa fonction sociale.» Il est chimérique et peut-
être contradictoire d'espérer que l'égoïsme puisse
suffire à maintenir et à faire progresser la société sans
que jamais celle-ci soit prise pour fin. Au lendemain
d'une guerre où notre nation a failli sombrer, il y
aurait quelque chose de scandaleux à se demander si
c'est l'égoïsme qui l'a sauvée. Et cependant tous ceux

(1) *Revue philosophique*, 1898, I, p. 316.

qui survivent savent bien quels maux ce salut leur a épargnés. Sous une forme moins tragique, cette vérité morale de la guerre est aussi celle de la paix. Nous sommes tous hautement intéressés au bien de la collectivité. Mais ce bien ne se réalisera pas si chacun ne songe qu'à soi.

C'est donc bien d'une éducation morale que nous avons besoin pour améliorer le rendement de toutes les activités sociales et reconstruire la France nouvelle ; d'une éducation morale, c'est-à-dire d'une restauration des fondements spirituels de la nation. Mais ces forces spirituelles ne jaill'ront pas ou resteront inefficaces, si nous continuons à isoler la conscience dans le for intérieur, sans l'exciter en lui assignant une tâche à remplir. C'est un spiritualisme bien mal compris que celui qui prétend faire des âmes sans corps. Aristote avait déjà dit que l'homme, animal social, tient le milieu entre le dieu et la brute; Pascal ne fait que compléter la même pensée en ajoutant : « Qui veut faire l'ange fait la bête. » N'essayons pas de faire des anges ou des dieux : sans y parvenir, nous ne ferions que des inutiles ; ne nous exposons pas à faire des bêtes affamées de lucre et de jouissances : elles ne pourraient plus être gouvernées que par la force. Faisons des hommes : la liberté, à la fois entraînée et disciplinée par ses fins, fera seule une véritable société.

TABLE DES MATIÈRES

1852. — Tours, Imprimerie E. Arrault et Cie.

www.ingramcontent.com/pod-product-compliance
Ingram Content Group UK Ltd.
Pitfield, Milton Keynes, MK11 3LW, UK
UKHW021255120726
13658UKWH00007B/353